基于国标的日语专业系列拓展教材

○ 主编 黄 芳

日本史要义

管尹莉 张丽霞 / 编著

苏州大学出版社
Soochow University Press

图书在版编目(CIP)数据

日本史要义 / 管尹莉,张丽霞编著;黄芳主编. —苏州:苏州大学出版社,2021.4

基于国标的日语专业系列拓展教材

ISBN 978-7-5672-3506-9

Ⅰ.①日… Ⅱ.①管… ②张… ③黄… Ⅲ.①日本—历史—高等学校—教材 Ⅳ.①K313.0

中国版本图书馆 CIP 数据核字(2021)第 047644 号

书　　名：	**日本史要义** RIBENSHI YAOYI
编 著 者：	管尹莉　张丽霞
责任编辑：	杨宇笛
装帧设计：	刘　俊
出版发行：	苏州大学出版社(Soochow University Press)
社　　址：	苏州市十梓街 1 号　邮编:215006
网　　址：	www.sudapress.com
邮　　箱：	sdcbs@suda.edu.cn
印　　装：	镇江文苑制版印刷有限责任公司
邮购热线：	0512-67480030　销售热线：0512-67481020
天 猫 店：	https://szdxcbs.tmall.com
开　　本：	700 mm×1 000 mm　1/16　印张:11.25　字数:173千
版　　次：	2021 年 4 月第 1 版
印　　次：	2021 年 4 月第 1 次印刷
书　　号：	ISBN 978-7-5672-3506-9
定　　价：	39.50 元

凡购本社图书发现印装错误,请与本社联系调换。服务热线:0512-67481020

总序
General Preface

  为满足社会经济发展的需求，完成中国高等教育从规模发展到以质量提升为核心的内涵式发展的转变，教育部于2018年1月出台了《普通高等学校本科专业类教学质量国家标准》。伴随着教育部《普通高等学校本科专业类教学质量国家标准》的出台，《高等学校外语类专业本科教学质量国家标准》相应出炉。国标要求培养具有国际视野和人文素养，掌握日语语言和文化知识，具备语言运用能力、跨文化交际能力、思辨能力、自主学习能力、实践能力和创新能力，能从事涉外工作、语言服务及日语教育，并具有一定研究能力的国际化、多元化外语人才。此外，国标更加注重培养日语专业人才的自主学习能力。

  四川外国语大学日语系于2019年被选定为国家"一流专业"建设点，为了确保顺利通过国家"一流专业"验收，现正积极加强专业的建设，成立了"基于国标的日语专业系列拓展教材"编写团队，集中了我系各年级具有丰富教学经验的骨干教师。

  本系列拓展教材基于国标对专业教材的要求，主要从两个方面来进行选题：第一，关于日语基础知识的3本教材，涵盖了词汇、句型和篇章，使学生全面掌握日语基础知识。第二，关于日本文化、历史等拓展知识的2本教材，有助于学习者掌握日本社会、文化、历史等方面的相关知识。本系列教材既可以用作专业教材，也可以用作教辅教材及学生自学教材。3本日语基础知识的教材适用于日语专业低年级的学生，可以帮助学生顺利通过日语专业四级考试和日本语能力测试N2、N1。2本文化、历史教材，加上已由苏州大学出版社出版的《日本文学理念精要》，可以帮助学生全面了解所学语言对象国日本的文学、历史和社会文化。由于本系列教材涵盖了日语基础知识和拓展知识,因此,对于日语专业学生来说,它们是不可或缺的学习材料。

本系列拓展教材基于国标,培养学生语言运用能力、跨文化交际能力、思辨能力及自主学习能力四种能力,与时俱进,符合国标对人才培养的要求。每本教材重点突出一个新字,力求从同类书籍中脱颖而出。

在目前已出版的日本史方面的图书中,用于研究的书籍较多,专业教材非常少。传统的历史教材基本以年代为脉络,内容涵盖政治、经济、文化、民俗等诸多方面,知识点驳杂,记忆量庞大,如果不加以精细讲解指导阅读,学生难以抓住重点。《日本史要义》是系列拓展教材之一,仅围绕关键词展开叙述,避繁求简,旨在突破知识点记忆型的教材编写模式,成为一本可以提高学生思辨能力的拓展教材。本教材编者管尹莉老师系四川外国语大学日语系教师,长期负责"日本概况"课程教学,研究方向为日本近代思想史和课程教学改革;张丽霞老师系四川外国语大学日语系教师,专攻日本近现代思想史及日语教育教学法改革。

黄 芳

2020 年 4 月于四川外国语大学

致读者
To Our Readers

我们一直在开展"综合日语"和"日本概况"课程的教学工作,在"日本概况"历史部分的教学过程中,发现学生要么对历史不感兴趣,要么记不清。

是什么造成这一现象呢?我们觉得一方面是大家对于这些历史知识比较陌生;另一方面,是对于过于纷繁复杂的历史线索,比如说年代、人物,大家死记硬背之后很难再去挖掘它们之间的相互关联。

我们发现,对于选择题、填空题,可能大家记住知识点或者蒙对的概率比较大,但是一到名词解释的时候就说不清楚某个名词到底是什么含义,不知道到底要从哪些方面去对它进行解析。

在谈论历史的时候,光是那些年代、人名和地名,是无法充实话题内容的。我们需要一个框架,需要一个脉络,还需要一些观点和看法。

这让我们萌生了编写这本《日本史要义》的想法。这本书要解决的问题是:如何解读名词,如何寻找切入点,以及从哪些方面去分析和学习日本知识。我们希望可以为大家提供一些学习的方法和思路。

本书不是一本详细的、有年代对照的工具书,我们只讲述历史事件和历史人物,尽量从宏观的角度,先让大家从整体上把握历史的进程,再去深入发掘细节、补充史料;对于历史事件和历史人物的评价,我们也从多角度进行描述,尽量客观地将先行研究的结论呈现出来。我们希望可以通过这种方式启发大家,让大家在学习历史的过程中发掘研究历史的乐趣。

有一种树叫"记忆树"。据MBA智库百科解释,记忆树是利用关联性记忆法,有效整理大量的资料并使其快速地在脑中留下印象的图形思维工具,其特色是以一个主题为主干,上下半辐射状依序连接与其相关联的资料,使之呈现类似树冠的图像,故称为记忆树。

记忆树也叫思维树,是一种帮助大脑进行全方位思考的图形思维工具。它是综合了若干思维技术、思维规则和记忆方法的图形思维方法,能够帮助人们从复杂的事物中迅速找出重点,发现联系,能够帮助人们看清楚真正重要的东西。学生在学习中经常会因内容多而迷失在信息中,而运用思维树去帮助记忆,可以有效地分析问题,厘清思路,看清本质。

日语学习者,若非日语专业学生,对日本的历史知识可以遵从内心的喜好有所选择地去了解和记忆,但日语专业的学生则有必要对日本历史的粗线条有基本的认知与记忆。日本自有其本民族的历史记载以来已有一千余载,当今令和天皇乃是日本史上的第126代天皇,可见日本史颇为悠长复杂。如何帮助日语专业的学生将日本史的学习过程化繁为简,同时又使其能在学习后将知识要点运用于日本通史的学习中?阅读基于记忆树原理编写而成的《日本史要义》应是最佳选择之一。

管尹莉
2021年1月

目录 Contents

01 氏姓制度 ········· 1
  氏的形成 ········· 1
  姓的划分 ········· 1
  氏姓与姓氏 ········· 3
  部民 ········· 4
  氏姓制度下的社会结构 ········· 5

02 律令制 ········· 6
  律令制建立的时代背景 ········· 6
  律令制的等级 ········· 9
  律令制社会的行政机构 ········· 10
  土地分配及人口控制 ········· 11
  公地公民制的功过 ········· 12
  几个重要律令 ········· 13
  律令制的变化 ········· 14

03 遣唐使与平安京 ········· 16
  遣唐使 ········· 16
  三个古代都城 ········· 18
  平安京的缔造者——桓武天皇 ········· 19
  都城地位确立——药子之变 ········· 22

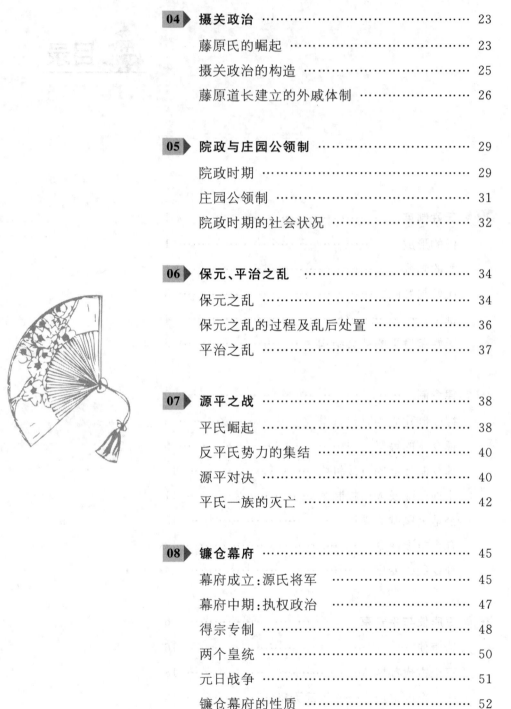

04	**摄关政治**	23
藤原氏的崛起	23
摄关政治的构造	25
藤原道长建立的外戚体制	26

05	**院政与庄园公领制**	29
院政时期	29
庄园公领制	31
院政时期的社会状况	32

06	**保元、平治之乱**	34
保元之乱	34
保元之乱的过程及乱后处置	36
平治之乱	37

07	**源平之战**	38
平氏崛起	38
反平氏势力的集结	40
源平对决	40
平氏一族的灭亡	42

08	**镰仓幕府**	45
幕府成立：源氏将军	45
幕府中期：执权政治	47
得宗专制	48
两个皇统	50
元日战争	51
镰仓幕府的性质	52

目 录

09 承久之乱 ·········· 54
起因 ·········· 54
经过 ·········· 55
结果 ·········· 56

10 南北朝动乱 ·········· 57
乱象迭起的时代 ·········· 57
权力结构的变化 ·········· 61
社会经济的变动 ·········· 62
南北朝正闰论 ·········· 63

11 室町幕府 ·········· 64
成立时间 ·········· 64
室町幕府的政权特征 ·········· 64
应仁之乱 ·········· 67
室町幕府的财政 ·········· 71
室町幕府的终结 ·········· 71

12 战国大名登场 ·········· 72
战国大名的来源 ·········· 72
家格的破坏与"下克上" ·········· 73
战国大名与守护大名 ·········· 75
主要的战国大名 ·········· 75

13 丰臣秀吉统一天下 ·········· 76
统一天下的第一步——登上权力顶峰 ·········· 76
统一天下的重要步骤——实现兵农分离 ·········· 77
统一天下的延长线——出兵侵略朝鲜 ·········· 78

14 ▶ 织丰政权 ············· 81
织丰政权的四个时期 ············· 81
织丰政权的历史评价 ············· 85

15 ▶ 江户幕府 ············· 86
幕府的职能 ············· 86
幕府体制的确立 ············· 87
幕藩制的官僚 ············· 89

16 ▶ 享保改革 ············· 91
改革的背景 ············· 91
改革的内容 ············· 92
改革的矛盾与挫折 ············· 95

17 ▶ 宽政改革 ············· 97
改革的背景 ············· 97
政治改革的具体措施 ············· 98
改革的评价 ············· 99
改革落幕 ············· 100

18 ▶ 天保改革 ············· 101
幕政改革迫在眉睫 ············· 101
改革的举措 ············· 101
改革的评价 ············· 104

19 ▶ 讨幕运动 ············· 106
幕藩危机与雄藩崛起 ············· 106
两种路线 ············· 107
武力讨幕 ············· 108

目 录

　　大政奉还 …………………………… 108
　　王政复古 …………………………… 109
　　戊辰战争 …………………………… 110

20 自由民权运动 ………………………… 111
　　运动发生的背景 …………………… 111
　　运动的展开 ………………………… 113
　　宪法构想与自由民权思想 ………… 116
　　自由民权运动的意义 ……………… 117

21 成立国会 ……………………………… 119
　　支持成立国会的社会力量 ………… 119
　　成立国会请愿运动的经纬 ………… 121
　　自由党与立宪改进党 ……………… 123

22 隈板内阁 ……………………………… 124
　　隈板内阁成立前的局势 …………… 124
　　第一届大隈内阁 …………………… 127
　　第二届大隈内阁 …………………… 127
　　大隈重信 …………………………… 128

23 桂园时代 ……………………………… 132
　　桂太郎 ……………………………… 138
　　西园寺公望 ………………………… 139

24 大正政变 ……………………………… 141
　　增师问题和西园寺内阁的倒台 …… 141
　　护宪运动 …………………………… 142

25 政党政治的发展
- 政党政治的萌芽 ········· 145
- 政党政治的形成 ········· 146
- 政党政治的发展和崩溃 ········· 147

26 昭和初期的外交
- 退出国联 ········· 150
- 日德意防共协定同盟 ········· 151
- 美日矛盾的不断加剧 ········· 152

27 军部势力的抬头
- 一夕会、樱会的成立与军部法西斯化 ········· 154
- "五一五事件" ········· 155
- "二二六事件" ········· 156

28 思想言论的控制
- "天皇机关说"与"国体论" ········· 160
- 国民精神总动员 ········· 161
- "新体制运动"与"大政翼赞会" ········· 163

参考文献 ········· 165

01 氏姓制度

▶▶▶ 氏的形成

日本的氏姓制度(氏姓制度，氏、姓制度)出现于公元5世纪至6世纪，古代日本朝廷根据中央贵族、地方豪强对国家的贡献度及其在朝中的地位，分别将"姓"(姓)授予各个"氏"(氏)，这是一种世袭制度，是维持大和王权的根本政治制度。

当时的大和政权受到豪族的支配。豪族是以血缘关系为依据划分出的利益集团，每个豪族都拥有一个固定的"氏"，例如，苏我氏(蘇我氏)、巨势氏(巨勢氏)是以居住地来命名的"氏"，物部氏(物部氏)、忌部氏(忌部氏)、中臣氏(中臣氏)等是以职业命名的"氏"。大和政权只承认"氏"的存在，"氏"以下有数量庞大的家庭，无论直系还是旁系都只能依附于"氏"之下。

各个"氏"中，最有权势的家庭可以统御整个"氏"，首领称为"氏上"(氏上)。"氏"中的自由民叫作"氏人"(氏人)，此外还有"部民"(部民)、"奴婢"(奴婢)等附属人口。

"氏上"的职责除了祭祀氏族祖先，举荐、奖惩、支配氏人外，最重要的是代表整个"氏"参与朝政。"氏上"的地位，直接决定了整个"氏"的社会地位。

"部民"是天皇赏赐的农民、渔民等，有对"氏"纳贡和服徭役的义务；"奴婢"的所有权可以被继承，在同一"氏"内，"奴婢"也可以被各家族买卖，相互赠予、转让。"奴婢"属于其所在家族所有族人。

▶▶▶ 姓的划分

在"氏"形成以前，"姓"一直是作为尊称来使用的，接在人名之后，用于部落集团内部或者用于表示对某个特定人物的尊敬。

日本史要义

大和王权确立以后，为了区分各个"氏上"的身份尊卑和地位高低，大和朝廷将"姓"分配给各个"氏"，同一个"氏"中，与"氏上"血缘最近的人可以使用与之相同的"姓"，用以标示其在"氏"中的政治地位。于是，"姓"也是身份的象征。"姓"经过最高统治者的确认后，只要政权不变，便可世袭罔替。

姓的起源

据说最早确立"姓"这一制度的，是成务天皇(成務天皇 せいむ)，他确认的"姓"有"国造"(国造 くにのみやつこ)、"县主"(県主 あがたのぬし)、"和气"(ワケ、別 わけ)、"稻置"(稲置 いなぎ)。到了允恭天皇(允恭天皇 いんぎょう)时代，开始实施"臣连制"，以前的"姓"被改为"公/君"(君 きみ)、"臣"(臣 おみ)、"连"(連 むらじ)、"直"(直 あたい)、"首"(首 おびと)、"史"(史 ふひと)、"村主"(村主 すぐり)等。

姓的等级

氏姓制度并不是一种完善的等级制度，它在漫长的岁月中不断演变。

最开始，中央豪族与皇族关系紧密，被赐予的"姓"是"臣""连"。"臣"多授予孝元天皇(孝元天皇 こうげん)以前的皇族后裔，他们几乎与天皇分庭抗礼，占据了大和政权的最上层地位，如葛城臣、苏我臣。"连"多授予皇室随从、亲信及其后裔，他们曾为大和王权的确立立下汗马功劳，如大伴连、物部连等。其最高首领"氏上"称为"大臣"(大臣 おおおみ)、"大连"(大連 おおむらじ)。例如，历史上苏我马子(蘇我馬子 そがのうまこ)曾为"苏我氏"的"氏上"，"苏我氏"被赐予"臣"姓，苏我马子就被称作"大臣"。后来又有"物部氏"的"氏上"物部守屋(物部守屋 もののべのもりや)，因为"物部氏"被赐予"连"姓，物部守屋就被称作"大连"，出仕朝堂，与苏我马子平起平坐，成为大和政权的权力巨头。

并非所有的皇室随从、亲信及后裔都能被授予"连"姓。虽然同处于"伴集团"，但是，只有进入了权力核心的"氏"才有资格被授予"连"姓，其余"氏"执掌着各个重要机构和部门，称为"伴造"，被授予"造""直""公"等姓。

后来，在这些"伴造"以下，又出现了"八百十部"，包括了"首""史""村主"等姓。

地方豪族一般被称为"国造"，一部分是大和政权的地方官吏，另一部分也包括了统御地方部民的豪族，这一等级中有"君""直"等姓，也有"臣"姓。

最后还有一部分实力较大的地方部族,以地名为"氏",被称为"县主"。

这样,通过世袭,氏姓制度中姓的等级逐渐固化,形成"臣/连—伴造—伴(百八十部)"的结构,在天皇的统治下,分掌中央及地方政权。

这其中,还有一部分人被称作"渡来人"(渡来人〈とらいじん〉),被授予的是忌寸(忌寸〈いみき〉)、史(史〈ふひと〉)、村主(村主〈すぐり〉)等姓。"渡来人"主要指古代从朝鲜、中国移居日本并在日本定居的人,以及他们在日本繁衍的子孙后代。远在弥生时代,"渡来人"就给日本带来了水稻种植技术和金属铸造工艺,成为弥生文化形成的契机。公元4世纪至5世纪,"渡来人"形成了许多家族集团,不仅促进了武器、农具等铁器铸造技术的革新,还带来了土陶器制作技术和纺织技术。来自中国和朝鲜的旱田种植技术和杂粮栽培技术,对日本大和政权的强化、古坟文化的形成及日本古代社会的发展起到了重要的作用。秦氏(秦氏〈はたうじ、はたし〉)、东汉氏(東漢氏〈やまとのあやうじ〉)、西文氏(西文氏〈かわちのふみうじ〉)等"渡来人"受到大和朝廷的重用。

八色姓

在各种等级和身份中,相同的"姓"互相交错,导致了使用上的混乱。在公元684年,天武天皇(天武天皇〈てんむ〉)重新整理出8个种类的"姓",称为"八色姓"(八色の姓〈やくさのかばね〉),包括了"真人"(真人〈まひと〉)、"朝臣"(朝臣〈あそみ〉)、"宿祢"(宿禰〈すくね〉)、"忌寸"(忌寸〈いみき〉)、"道师"(道師〈みちのし〉)、"臣"(臣〈おみ〉)、"连"(連〈むらじ〉)、"稻置"(稲置〈いなぎ〉)。

▶▶▶ 氏姓与姓氏

近年来的研究发现,最初的"姓"(姓〈かばね〉)只是统治阶级为了让其内部特定家族巩固社会政治地位而设的封号,不一定要由子孙来继承。但是随着律令制的发展,日本社会受到中国"家世""血统"等传统观念的影响,"姓"和"氏"便结合在一起,逐渐演变为"氏"集团的称号。

到了天智天皇(天智天皇〈てんじ〉)时代,"姓"被三分为"大氏""小氏""伴造"。同时,"氏"名被视作良民的标志。于是,人们将"氏"和"姓"(姓〈かばね〉)结合起来,作为"姓氏"(姓〈せい〉)登记到户籍中。后来户籍中出现的"姓氏"和氏姓制度中所提到的"氏"与"姓"并不是同一概念。例如,前面提到的苏我氏,在户籍中登记的"姓氏"就是"苏我臣"。

"姓氏"的更改变动权，集中在天皇手中，成为天皇固有的权限。值得一提的是，天皇一族并没有"氏"，不需要依据"氏"来确立社会地位，同时也没有天皇赐予的"姓"（姓^{かばね}），因此也就没有"姓氏"（姓^{せい}）。

▶▶▶ 部民

在氏姓制度中，有一类人是相当特别的存在，他们的社会地位介于普通自由民和奴隶之间，那就是"部民"。部民是从属于大和王权、皇室、各大豪族的官有民或私有民，也被赐予了"部"姓，因此不属于贱民。不过，他们虽然是良民，地位却比一般的国民低。

这种以部民的生产力作为经济基础的社会政治体系，称为"部民制（部民制^{べみんせい}）"，一直沿用到大化改新实施"俸禄制"为止。只是"俸禄制"实施之后，部民的"部"姓仍然加在其氏名之后，以"姓氏"的形式登记在其户籍中。

部民有各种各样的身份和职业，依据其所从事的职业和所属的团体，又被分为很多类型。类型的划分说法不一，但是大致上可以分为三类。第一类是"品部"（品部^{ともべ}），主要是掌握某种职业技能的手工业者，比如养马的称为"马饲部"（馬飼部^{うまかい}），冶铁的称为"锻冶部"（鍛冶部^{かじ}）。第二类是皇室的私有民，称"名代"（名代^{なしろ}），世代侍奉皇室，并向皇室缴纳供奉。第三类是各大豪族的私有民，称为"部曲"（部曲^{かきべ}），是在各大豪族中须侍奉和纳贡的人。

每一种分类的内部，又分为"伴"（伴^{とも}）、"部"（部^べ）两种类型。这里的"部"与"部"姓是不同的概念，无论是"伴"还是"部"均被赐予"部"姓。

"伴"担任主人（天皇、皇族、中央豪族等）宫城及居所的近侍、护卫等，其任职的相关费用均由所在集团负担。而"部"向所有者纳贡或缴纳赋税。

部民制来源于"伴制"，原是大和政权处于萌芽期的政治体制，受百济的部司制影响，"伴制"经过整合和扩充形成了部民制。部民制究竟属于奴隶制，还是封建农奴制，这在历史学界也存在争论，争论的焦点是"部民"的社会地位。部民没有人身自由，但是与奴婢不同，不能被买卖和随意杀害，只能被无偿转让（赠送或进贡）。在律令制形成以前，部民制是大和王朝巩固政权的基石，最终废止于大化改新（大化の改新^{たいかかいしん}）。

氏姓制度下的社会结构

在氏姓制度下,自下而上来看的话,处于最底层的是奴婢,之上就是部民。部民内部的统领者被称为"伴绪"(伴緒),意思是管理从事专门职业的同族。比部民地位更高、管理各种部民的豪族,被称为"伴造"(伴造),领导众多"伴绪"。

具体来说,身为"伴造"的豪族,一般被赐予"连""造""首"等姓。其中,普通的"伴造"使用"造""首",居于最高地位的使用"连"。"连"的地位高于一般的伴造,又被称为"负名氏"(負名氏)。

最初,地方首领实行世袭制,归附于大和王权之后,还保留有地方军事权、裁判权等,被称为"国造"(国造)。大化改新以前,"国造"行使地方行政权,大化改新以后,大和朝廷派遣"国司"到地方行使行政权,"国造"就成了地方名义上的世袭首领。

律令制形成以前,各地行政区划不明晰,命名方式也混淆不清。比"国"小一级的行政单位称为"县",但是有"県""県"两种名称。前一种从属于"国",后一种通常由朝廷直辖。这两种县的首领分别被称为"稻置"(稲置)和"县主"(県主),均是地方最高行政长官。

在大宝律令颁布之前,大和王权还派遣"国宰"(国宰)到各个地方传达天皇的旨意,指导农耕,管理收成。

氏姓制度下的社会结构较复杂(图1)。

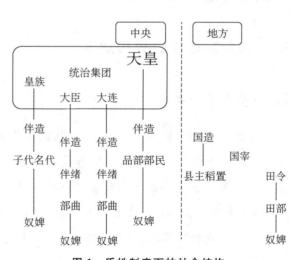

图 1 氏姓制度下的社会结构

02 律令制

律令制的建立是日本在隋唐时期逐步向中国学习的结果,律令制直至7世纪后期才基本形成。当时的日本统治阶级由皇室和中央豪强组成,随着隋唐等封建王朝相继崛起,日本国内也迫切要求权力集中。要摆脱旧的氏姓制度的束缚,削减各方豪族对私有地和私有民的控制,通过强有力的中央权力机构实现对民众的统治,就须从中国学习政治制度。这一过程在圣德太子执政时期打下基础,从大化改新开始,在白村江之战(白村江の戦い)后初步确立,并在壬申之乱(壬申の乱)后得到巩固。随着班田收授制度(班田収授法)的推行,地方行政组织和地方军团的整合,以及701年大宝律令(大宝律令)的颁布,日本形成了以八省为中心的中央官制,律令制基本得以实现。

▶▶▶ 律令制建立的时代背景

圣德太子的新政

圣德太子(聖徳太子)是飞鸟时代的政治家、思想家,也被称为厩户皇子、丰聪耳、上宫王。592年,大臣苏我马子在斗争中击败大连物部守屋,并暗杀了崇峻天皇(崇峻天皇),权力盛极一时。593年,厩户皇子的姑母推古天皇(推古天皇)即位,成为日本历史上第一位女性天皇。厩户皇子作为皇太子登上政治舞台,在皇室面临权力危机时受命,带着摄政的权责,与苏我马子共同执掌政权,厩户皇子被称为圣德太子。

隋朝统一中国后,圣德太子从公元600年开始,先后向隋朝派遣了四次遣隋使,唐朝建立后又相继派出遣唐使,学习唐朝文化和佛教文化。对唐朝文化尤其是唐朝政治制度的学习,对后来日本建立律令制起到了至关重要的作用。

603 年，圣德太子主持制定了"冠位十二阶"（冠位十二階かんいじゅうにかい），这是日本历史上最初的位阶制度。以不同颜色的绢制冠帽来区分官位的等级，分为大德、小德、大仁、小仁、大义、小义、大礼、小礼、大智、小智、大信、小信 12 级。

604 年，圣德太子颁布了《宪法十七条》（『十七条憲法じゅうしちじょうけんぽう』）。虽然名叫"宪法"，但是与现代意义的国家基本法宪法不同，《宪法十七条》只是对官僚和贵族进行道德上的规范和约束，性质更接近行政条例。

乙巳之变

645 年，中大兄皇子（中大兄皇子なかのおおえおうじ）发动乙巳之变（乙巳の変いっしのへん），在飞鸟板盖宫大极殿击杀苏我入鹿（蘇我入鹿そがのいるか），并逼迫苏我虾夷（蘇我蝦夷そがのえみし）自杀。随后，孝德天皇（孝徳天皇こうとく）即位，中大兄皇子被封为皇太子，彻底废除了大臣、大连，重新安排和组织了朝廷的人事，任命阿倍内麻吕（阿倍内麻呂あべのうちのまろ）为左大臣，苏我石川麻吕（蘇我石川麻呂そがのいしかわまろ）为右大臣，中臣镰足（中臣鎌足なかとみかまたり）为内臣，高向玄理（高向玄理たかむこくろまろ）为国博士。其中，中臣镰足不仅参与了乙巳之变的策划行动，还作为大化改新的中坚力量，全力协助中大兄皇子推行新政。中大兄皇子即位成为天智天皇之后，赐予中臣镰足藤原姓，他就是藤原氏的祖先。646 年，中大兄皇子颁布"改新之召"，依托律令制，实现了以皇室为中心的中央集权。

白村江之战

白村江之战发生在 663 年 10 月。朝鲜半岛一直处于高句丽、新罗和百济三国争霸的局面，百济曾与高句丽共同抗击新罗，新罗于是向唐朝求援，获得了唐军的支持。654 年，百济发生大饥荒，国力逐渐衰弱。新罗趁机在 660 年联合唐军灭百济。百济王子流亡到日本，向中大兄皇子表达了复国之意。如果大和朝廷支持百济，可能招致唐朝的敌视；如果百济成功复国，大和朝廷可以将其纳为属国，恢复与朝鲜半岛的经济文化交流。中大兄皇子权衡以后，决定出兵。于是在朝鲜半岛的白村江，唐朝、新罗联军与日军和百济流亡军发生了一次海战，战役以唐朝、新罗联军胜利，百济彻底灭亡，日本撤军告终。这是日本第一次在对外战争中战败。

壬申之乱

壬申之乱(壬申の乱)发生于672年,是日本古代史上最大的战乱。这场战乱的主要原因是皇位之争。古坟时代(古墳時代)至飞鸟时代(飛鳥時代),皇位继承的规则暧昧不明,多次引起争端。668年,天智天皇按照以往的惯例册立自己的胞弟大海人皇子(大海人皇子)为皇储。之后又将自己的儿子大友皇子(大友皇子)册立为太政大臣,显露出传位于大友皇子的意图。此举招致大海人皇子的不满,在天智天皇驾崩后,大海人皇子立即举兵讨伐大友皇子,争夺皇位。战乱开始于壬申之年,史称"壬申之乱",最终以大友皇子自杀告终。

壬申之乱并不纯粹是两个皇室成员之间的争斗,而是当时大和朝廷内反对天智天皇的势力和支持天智天皇的势力之间的纷争。

纷争开始于白村江之战,这次战争是中大兄皇子尚未即位时发动的。当时的大和朝廷正值大化改新之际,政治并不稳定,又仓促介入百济与新罗的纷争,导致大败。这对于中大兄皇子来说是一大政治败笔。他不仅要面对大和朝廷内部反战派的指责,还要担心唐朝的攻打。

为了预防唐军趁势攻打日本,中大兄皇子采取了两方面的措施:一方面在九州沿海各地建立了防卫据点,并在太宰府开挖水城,设立防御中心;另一方面,将都城从沿海的难波(難波)迁移到近江大津,试图重新构建新的政治体制来应付内忧外患的局面。修建海防和迁都在经济上给豪族和民众都带来了巨大的负担;迁都后,新都城内又涌来众多百济流亡难民,加深了豪族和民众的不满。

668年,中大兄皇子即位成为天智天皇,朝野中的反对势力依然强大。天智天皇依照惯例册立了自己的弟弟大海人皇子为皇储,但又试图效仿唐朝父死子承的皇位继承制度,将皇位传给自己的儿子。然而,大友皇子是侧室所生,不符合唐朝的嫡子继承制度,于是天智天皇强行修改继承制度。此举在朝廷中也受到相当大的阻力,直接导致671年大海人皇子自请出家,退守吉野。次年天智天皇驾崩后,大海人皇子联合反对天智天皇的各派势力,发起了以讨伐大友皇子、清除天智天皇残余势力为目的的壬申之乱。

壬申之乱以大海人皇子的胜利告终,673年,大海人皇子在飞鸟净御原宫即位,成为天武天皇。

02 律令制

▶▶▶ **律令制的等级**

日本的律令制是以天皇为中心，以中央豪族为统治阶级而构成的。天皇的政令通过诏书、敕书（詔 勅(しょうちょく)）的形式颁布，国家朝政被豪族领袖把持，他们担任左右大臣（左・右大臣(さ・うだいじん)）、大纳言（大納言(だいなごん)）等大政官（太政官(だいじょうかん)），议事后交由天皇裁决，然后再实施。与中国的帝王不同，日本古代的天皇并没有完全掌握国家的权力，他们只有任免上层官员的权力、发动战争的权力和实施刑罚的权力。大化改新实施之前业已形成的中央豪族为了巩固自己的权力和地位，团结在天皇周围，依存于天皇的传统权威，形成了日本古代国家实际意义上的统治阶级。他们虽然没有自己的私有领地和私有民，但是作为官僚，通过掌控国家机构将更强的统治力加诸百姓身上，征收粮食，构建起统治的基石。

在律令制国家中，标志身份地位的是官位。有官位的人，依据规定，担任与自身官位相应的官职。任职时间越长，官位等级越高。各级官员依据各自的位阶、官职等领取相应的食封（食封(じきふ)）、俸禄（禄(ろく)），占有田地、从事护卫及杂务的资人（資人(しじん)）等，并免交赋税。其中1等至5等官员称为上级官人，6等至末等官员称为下级官人，他们的待遇有着天壤之别。5等及以上官员的后代出仕时可以享受优待，称为荫位制（蔭位制(おんいせい)）。由此可见，上级官员世代享有贵族待遇。

被统治的百姓又分为良民和贱民两大类。贱民又有各种身份，如官户（官戸(かんこ)）、陵户（陵戸(りょうこ)）、官奴婢（官奴婢(かんぬひ)），这几种身份的贱民是朝廷所有的，而家人（家人(けにん)）、私奴婢（私奴婢(しぬひ)）就是贵族私有的。此外，在大化改新前期，"品部"中有一部分拥有特殊身份的人称为"杂户"（雑戸(ざっこ)），他们掌握某种职业技能，直接供奉皇室。贱民大约占总人口的10%，集中掌握在寺院、中央豪族、地方豪族、上层农民的手中。因此，在律令制国家中承担农业生产的主要还是身为良民的普通农民。农民表面看上去是自由民，手中分得"口分田"（口分田(くぶんでん)），可以自由耕作，但是，他们被禁止任意扩大耕地面积，而且选种留种、水利设施等的管理权由国家掌控。此外，他们还要为国家承担沉重的徭役。在这种意义上，律令制社会通常被视作奴隶社会形态。

▶▶▶ 律令制社会的行政机构

日本律令制社会形成了比较完善的中央和地方官僚统治机构。中央设负责祭祀的神祇(神祇)和处理国政的太政(太政)两个职位,太政下辖八省,中务(中務)、式部(式部)、治部(治部)、民部(民部)、兵部(兵部)、刑部(刑部)、大藏(大蔵)、宫内(宮内),八省各有下级官司部门,分别负责处理不同的政务。同时设置了与八省并行的弹正台(弾正台)和五卫府(五衛府),弹正台负责监督官员,稽查官员的违禁活动,五卫府负责护卫官员的安全。各个部门都设置了长官(長官)、次官(次官)、判官(判官)、主典(主典)四等官职,此外还有舍人(舍人)、史生(史生)、伴部(伴部)、使部(使部)等诸多职位及下属官吏。

大化改新以前,伴造统领品部,这些职务都是可以世袭的。经过官僚机构的改制和重组,一部分的伴造成为伴部,特定的氏族"负名氏",可以世袭这个职位;品部中的一部分技术人员,被编入"品部、杂户"中,仍然隶属于朝廷。

地方实行国、郡、里或乡制,最高长官分别称为国司、郡司、里长。国司由中央政府定期派遣官吏赴任,而郡司则由地方豪族担任,通常是地方统治者国造。朝廷派出四度使(四度使)监察地方政务,通过在交通要道上设立的驿马(駅馬)、传马(伝馬)将报告书上达中央。在一些特定的地方设立常设官职进行管理,比如在京都设立了京职(京職),在难波设立了摄津职(摂津職),在九州设立了大宰府(大宰府)专门负责九州地方的新政、边防和外交事务。

在全国建立军团作为常备军,各家各户都要有三分之一的男子入伍。

刑罚分为笞刑(笞)、杖刑(杖)、监禁(徒)、流放(流)、死刑(死)五种,这五种刑罚还细分为20等。日本律令制的量刑除了普遍较轻而外,几乎与唐朝律法一致,扰乱国家与宗族秩序的罪名属于八逆之罪(八虐)之一,与唐朝的"十恶罪"等同。此外,杖刑以下的决断权归属各个部门,在地方,郡司一级才有判处笞刑的权力。

02 律令制

▶▶▶ 土地分配及人口控制

日本律令制土地分配采用了班田收授法，学习的是唐朝的均田法。具体方法为：良民无论男女，只要年满6岁均授予口分田（口分田），男子每人2段，约合11.9亩，女子为男子的三分之二，私奴婢男女各为良民男女的三分之一，分配给户主。口分田可终生使用，死后收回。

最开始户籍统计的间隔为6年一次，死者口分田充公，达到规定年龄的人口能重新分得口分田。传统史学界认为班田收授法开始于大化改新，但是近年来也有学者认为，班田收授法直到670年日本首次完成了户籍统计工作之后，或者于689年《飞鸟净御原令》(『飛鳥浄御原令』)颁布之后才真正得以实施。

口分田以外的公田(公田、乗田)可以出租给农民耕种，并收取相应的地租。此外还有职田(職田)、位田、功田、神田、寺田等类别，旷野山林等土地禁止任何人以任何公私目的占用，农民的园地、住宅用地被认定为私用地，园地中须种植桑树等经济作物。

这种土地由国家统一调配的制度，称为公地公民制，也是律令制国家的基本土地制度。

在人口的控制上，全国人口按户编组，每5户结为一组，在治安、赋税等事项上承担连带责任。8世纪的户籍史料显示，每一户有25人左右，甚至出现过超过100人的超级大户。户籍每6年普查一次，既可作为身份证明，也能作为施行班田收授法的依据。另外，每年还要统计一次各户的收入，并在此基础上征税，称为"租庸调制"。

日本的租庸调制也完全模仿了唐朝的租庸调制，在大化改新中开始实施。具体内容为：分配到口分田的农民，每段田地缴纳稻谷2束2把，约为当时产量的3%至10%，称作"租"，充当地方财政之用；17至20岁的成年男子纳绢或丝、绵、布，称为"调"，用于中央政府财政及官员薪俸开支；年满21岁的成年男子每年服劳役，称为"庸"，缴纳一定量的布匹、稻米、盐等实物可免服劳役。

此外，由于各地要进行水利工程建设及官衙的修复工事等，成年男子还要服杂徭，17至20岁男子每年15天以下，21至60岁男子每年60天以下，61岁以上男子每年30天以下。遣唐使的船只、白村江之战的大型战船等都是由服杂徭的农民负责建造的，农民服杂徭是无偿的，因此，杂徭给农民造成了严重的负担。

▶▶▶ 公地公民制的功过

弥生时代，水稻种植技术传入日本之后，大和民族结束了以狩猎和采集为主要食物获取方式的流动性生活，过渡到定居生活阶段。从此，他们围绕土地、耕作所需的水源、制造农具及武器的铁矿等开始了频繁的争斗。其中强有力者集合附近的部落，形成了"国"。进入古坟时代，各地兴起的豪族之间，更是战乱不断。

此时，以奈良县为中心，出现了大和王权，势力不断扩充。大和王权不是以武力征服周围的势力，而是由几个强大的豪族联合掌握政权。大和王权的王，就是现在天皇家的祖先。

在大和王权统治下，日本全国的土地和百姓都归天皇家和豪族私有。但是，天皇无法干预豪族的事务，甚至个别豪族出现了权势超越天皇的迹象。其中最有权势的一族，就是苏我氏。苏我一族四代人均执掌国政，直接威胁到天皇家的地位。舒明天皇（舒明天皇）、皇极天皇（皇極天皇）均沦为苏我氏的傀儡。

中大兄皇子在这样的政治环境中长大，将打倒苏我氏、建立以天皇为中心的国家作为自己的政治目标，并通过"乙巳之变""大化改新"最终实现了这一目标。

大化改新的最重要诏令即"公地公民制"，意味着将日本全国的土地和百姓都收归天皇所有，掌握在国家手中。公地公民制作为律令制国家的根基，延续了1 200年，直到明治政府颁布"地租改正"制度。

公地公民制让日本彻底摆脱了豪族占据广袤疆土、手握无上权力的局面，政府开始掌控全国土地和百姓，税收全部收归国有，确保了财政的稳定性。

国际上，朝鲜半岛的局势错综复杂。隋朝和唐朝连番远征高句丽，高句丽在征战中摇摇欲坠。新罗成为唐朝的附属国,与唐军联合攻击百济。日本担忧唐朝征服朝鲜半岛之后进攻日本,但在豪族势力分散的状况下,是和是战,意见无法达成统一。这种情况下,公地公民制的实施,将各大豪族都集中到天皇麾下,为日本构建起中央集权制国家奠定了坚实的基础。

对百姓来说,能够分配到一定份额的土地,其基本生活便得到了保障,安定的生活也促使人口数量极大地增长。

然而,由于人口增加,土地资源开始不足,粮食生产也渐渐跟不上。要解决这些问题,必须开垦更多的土地。但由于公地公民制的限制,土地全部归天皇所有,农民开垦的积极性非常低。

到了后期,伪造户籍出逃的农民越来越多,到奈良时代中期,终于发展到不可遏制的局面,公地公民制几近瓦解。

▶▶▶ 几个重要律令

改新之诏

日本孝德天皇参照起源于日本本土的政治经济制度,又吸收了中国唐朝的政治和经济制度,颁布《改新之诏》,实施了一系列革新措施。其主要内容如下:

(1) 废除皇室和贵族的土地私有制和部民(部曲)制,将土地收归国家,是为公地公民,对大夫以上高官贵族赐予食封。

(2) 改革统治机构,建立京师和地方行政机构(国、郡、里),设置关塞、防人(戍边军)及驿站,各置职官。

(3) 造户籍、记账(赋税簿账),施行班田收授法。凡田长30步、广20步为段,10段为町。

(4) 改革税收制度,施行租庸调新税法。

《飞鸟净御原令》

飞鸟时代后期由天武天皇诏令制定的法典,共有22卷,据称是日本历史上第一部体系完备的法典,但是并未存留下来,法典的具体内容无法考证。

681年，天武天皇下诏编撰《飞鸟净御原令》，并在同一年实行向官吏支付俸禄的规定。686年，天武天皇去世，其皇后鹈野赞良(鵜野讚良{うの のさらら})即位，称持统天皇(持統天皇{じとう})。持统天皇即位不久，修改和完善了《飞鸟净御原令》，并于689年正式施行。次年，全国户籍的编制工作完成，以国、郡、里为主的地方行政体系也逐渐完备起来，国设国司，郡设郡司，里设里长。除此之外，还在重要地区设特别行政机关。例如，在京城设左、右京职，负责京城事务；在北九州筑紫设大宰府，作为国防前沿，统辖九州地区的民政和军事；在外交重地摄津设立摄津职，管理难波。

《大宝律令》和《养老律令》

《大宝律令》是以唐朝的《永徽律令》和《永徽律疏》为蓝本，在《飞鸟净御原令》及天武天皇时期制定的一系列法令基础上编撰而成的日本古代法典。697年文武天皇即位，委任刑部亲王(刑部 親王{おさかべ})和藤原不比等(藤原 不比等{ふじわら ふ ひ と})等人设立了专门的撰令所，负责律令的编写。700年编撰工作完成，701年文武天皇改元为大宝，颁行法令，称《大宝律令》。

其中，"律"指的是刑罚的规定，相当于律法；"令"，指的是官制和其他行政上的规定，相当于现今的行政法、民法、诉讼法等的综合体。《大宝律令》是日本历史上第一部律、令齐备的综合法典。

养老年间(717—724年)重新修订的《养老律令》于757年颁布，替代了《大宝律令》。

《大宝律令》后世并无存留，《养老律令》还存留了大部分条款。

▶▶▶ 律令制的变化

律令制极大地强化了中央集权，进入平安王朝以后，权力的集中反映到贵族阶层便是贵族文化的繁荣。但是，租庸调制的施行让农民背上了沉重的负担。为了逃避租庸调和杂役，很多农民瞒报户籍，甚至出现了大量只有女性人口的户籍，班田收授法推行困难，严重影响了社会的稳定。大和朝廷也不得不面对社会现实，通过不停地调整和修正律令来维系社会的运转。

743年，政府不得不颁布《垦田永年私财法》，承认农民对自己开垦的田

02 律令制

地享有所有权。

口分田的分配最初是 6 年勘定一次，801 年桓武天皇将畿内的口分田勘定改为 12 年一次，808 年又重新改为全国统一的 6 年一次。

设立了许多"令外官"，如勘解由使(勘解由使)①、藏人(蔵人)②、检非违使(検非違使)③、摄政(摂政)、关白(関白)等。

820 年，嵯峨天皇(嵯峨天皇)制定了"格式"(格式)，"格"是对律令条文的补充及修正，"式"是律令格的实施细则。"格式"经过 820 年、869 年、907 年三次整理和编纂，称为"三代格式"。

桓武天皇实施的大规模行政改革，用简单且有实效的制度取代了律令制。这次改革，让律令制发生了实质性的改变。桓武天皇构建起与以前性质不同的统治体制，被多数人认为是律令制的重构。但是，也有学者认为，桓武天皇时期，律令制实际已经终结。

进入 9 世纪之后，农民阶层分化，皇族与大贵族笼络地方上富裕的农民，占有了更多的私有领地和劳动力，律令制逐渐形同虚设，班田收授法的推行也越来越困难，伪造户籍成为公开的秘密。中央政府的官员及官吏纷纷在京都以外的地区开辟自己的地盘。

到了 10 世纪以后，律令制中的租庸调等逐渐转变为地租，全国的土地分成庄园和公领两大类。社会体制逐渐演变为皇族与大贵族共同统治的模式。

10 世纪中叶以后，藤原氏一枝独秀，实行摄关政治，越来越偏离律令制的方向。地方上郡司等传统豪族逐渐没落，国衙成为中央势力控制地方的据点，11 世纪以后，这些据点又逐渐被各地成长起来的领主所掌握。由于这些领主的身份都是武士，他们的崛起成就了后来的武家社会。而支撑律令制的法的体系、儒教思想等，对后世的公家、武家乃至于近代日本人的思想都产生了重大影响。

---

① 解由状是接任的官员发给前任的、证明前任职务完成的交接文书；堪解由使的工作就是负责稽查解由状、保障官员顺利交接工作。

② 相当于天皇的秘书。

③ 负责管理都城的治安、卫生、民政。最开始的工作是检举犯人、管理风俗，后来也从事诉讼和裁判工作。

03 遣唐使与平安京

▶▶▶ 遣唐使

遣唐使(遣唐使)是指7世纪至9世纪，日本派遣到唐朝的使节。最早的遣唐使是630年舒明天皇派遣的犬上御田锹(犬上御田鍬)，此后日本一共派遣了20多次遣唐使，直到894年菅原道真(菅原道真)担任遣唐使大使后才终止。在这260多年时间里，日本正处于社会变革时期，从飞鸟时代(飛鳥時代)开始跨越奈良时代(奈良時代)，再进入了平安时代(平安時代)，当时中国先进的律令制度、文化艺术、科学技术及风俗习惯等，通过遣唐使传入日本，对日本的社会发展产生了重大影响。

其实日本在圣德太子执政的600年至614年之间，就已经向中国派遣了使节，当时是隋朝，因此称为遣隋使(遣隋使)。由于史料不够详尽，只在《日本书纪》(『日本書紀』)与《隋书》中有零星记载，因此日本派遣遣隋使的次数在史学界一直有争议。不过，无论是四次还是五次，遣隋使的主要目的都是求取佛法和学习隋朝文化，同时确保日本在朝鲜南部的利益。

遣隋使中最著名的人物是小野妹子(小野妹子)。他出身于有皇族血统的豪族小野氏，实为男性。据《日本书纪》记载，小野妹子在607年与鞍作福利(鞍作福利)等人一起被任命为遣隋使出使隋朝，时值隋炀帝在位。他们出使的任务包括学习隋朝的政治制度和科学技术，修复中国和日本之间断绝已久的外交关系，等等。

小野妹子进献给隋炀帝的国书写着"日出处天子致日没处天子……"字样，极大地触怒了隋炀帝，碍于隋朝与高句丽之间微妙的关系，小野妹子才免遭处罚。608年，小野妹子与隋朝的裴世清一道返回日本。但是在归国途中，小野妹子遗失了隋炀帝写给日本天皇的国书，被判流放。后来获得了赦免，重新官拜大德。609年，小野妹子第3次被任命为遣隋史，护送裴世清返回隋朝并带去推古天皇的国书。

遣隋使的派遣,是日本大规模学习中国先进文明的开始。

630年,舒明天皇派遣了曾经出使过隋朝的犬上御田锹作为第一任遣唐使,出使唐朝。前后派遣的使节团虽然规模不同,但是都具有完整而严密的组织结构。上设大使、副史、判官、录事等,还带有翻译、医师、阴阳师、画师等专业人员,随团的有大批留学生和学问僧,规模从200多人到600多人不等,最多的一次达到了651人。乘坐的船只也从最早的两艘,增加到后来的四艘。

使船从难波①出发,沿濑户内海西下,停泊到筑紫大津浦(筑紫大津浦 つくしおおつのうら)②,然后从这里离开日本。白村江之战以前,遣隋使和遣唐使均取道新罗,经过对马,沿北路航行;与新罗断交之后,就沿九州南部诸岛航行,途经种子岛、屋久岛、冲绳岛等,再横渡东海到达长江入海口。鉴真和尚东渡日本,选择的就是后一条航线。

在当时的航海条件下,出海十分艰苦。船上的食物只有阴米(糒 ほしいい)和生水,由于风浪太大,许多使团成员会晕船,一旦病重便无法救治。另外,由于造船技术、航海技术有限,使团成员时常陷入海上漂流的险境。

鉴真和尚为了弘扬佛法,随学问僧荣睿(栄叡 ようえい)、普照(普照 ふしょう)东渡日本,由于自然条件恶劣,加上政治因素的阻碍,连续失败了5次。第6次,受第12任遣唐使大使藤原清河(藤原 清河 ふじわらきよかわ)的邀请,鉴真和尚与阿倍仲麻吕(阿倍仲麻呂 あべのなかまろ)等人一同从苏州出发前往日本。但是,使团的船只遇上风暴后失散,鉴真和尚安全抵达了日本,藤原清河与阿倍仲麻吕却漂流到安南(安南 あんなん)③,后来虽然辗转回到唐朝,但此后终生未能重返日本。

从这些曲折辗转的经历可以看出当时遣隋使、遣唐使所面临的困难。他们之所以冒着生命危险也要渡海来华,就是为了学习唐朝先进的律令制度和科技文化。而日本的古代国家制度就是在模仿唐朝国家制度的基础之上建立的。特别是在文化方面,同行的留学生、学问僧学习了唐朝先进的文化,带回了珍贵的书籍资料,为古代日本国家文化发展做出了重要贡献。

---

① 现在的大阪湾。
② 现在的博多湾。
③ 现在的越南。

进入奈良时代以后,政治外交上的使命和任务成为使团的重点。特别是当时在外交关系上,日本与新罗之间摩擦不断,为了确保日本在东亚国际社会中的地位,日本需要唐朝承认新罗为日本的附属国。据《续日本纪》记载,754年,在向唐玄宗朝贡的一次大朝会上,新罗使节被安排在东侧第一席,而日本使节被安排在西侧第二席,日本使节当场发出抗议,最后迫使唐朝对换了两国的席位。

到了奈良时代末期,政治因素逐渐淡化,日本派出使团的主要目的是让僧侣留学学习佛法,或者获取贸易利益。

进入平安时代,在804年和838年两次派遣了使团之后,遣唐使的派遣几乎中断。对内,派出使团的意义已经基本失去,大和朝廷又面临财政困境;在外部环境中,与新罗的谈判交涉中断,而唐朝经历了安史之乱后逐渐走向衰落;经济方面,与唐朝和新罗的私人通商逐渐开展起来,促进贸易的目的已经达到。因此,遣唐使逐渐失去了被派遣的意义。

894年,菅原道真被任命为新一任遣唐使大使,但他认为当时的唐朝朝政混乱,社会动荡,渡海又有很大的危险和困难,于是上奏要求停止派遣遣唐使。这项建议虽然没有被大和朝廷采纳,菅原道真仍然担任遣唐使大使,但他并没有真正出行。直到907年,唐朝覆亡,遣唐使也正式成为历史。

▶▶▶ 三个古代都城

遣唐使从中国学习到了方方面面的知识和文化,其中就包括了城市建筑。日本刚开始模仿唐朝修建了一座座独立的佛寺,后来就开始仿造唐朝的城市修建城池。以前日本并没有固定的都城,每一任天皇都会迁都,甚至迁移多次。在藤原京(藤原京<ふじわらきょう>)成为都城之后,大和朝廷的都城相对固定,因此藤原京具有标志性意义。

藤原京

藤原京是飞鸟时代的都城,位于现在的奈良县中部。据《日本书纪》记载,藤原京始建于690年,694年正式迁都至此。

藤原京仿照唐朝的条坊制布局,天皇居所藤原宫位于都城正中央,南北向有朱雀大街,左右宽度虽然不及后世平城京和平安京的朱雀大路,仍有24米,是藤原京中的主要道路。

藤原京是白凤文化(白鳳文化)的中心地,大安寺、药师寺等都是白凤文化的代表建筑,兴福寺佛头是白凤文化的代表作品。

平城京

平城京(平城京)就是现在的奈良。710年,元明天皇(元明天皇)迁都到尚在修建中的平城京,日本进入奈良时代。

平城京模仿唐朝都城长安和洛阳修建而成,东西长6.3千米,南北长4.7千米。天皇居住的平城宫位于最北端的中间位置,朱雀大路贯穿南北,将平城京分为东西两个部分。朱雀大路的最南端是罗城门(羅城門),后来也写作"罗生门"(羅生門)。

这段时期,建造都城耗费了大量的资金和劳动力,引起了民众的不满和反抗,局势动荡不安。

平安京

平安京(平安京)位于现在的京都,建造于桓武天皇时期。794年,桓武天皇(桓武天皇)迁都平安京,日本进入平安时代。之后直到1868年迁都东京为止,平安京一直是日本的首都,繁荣了近1 100年。

平安京以唐朝长安城为蓝本建造,东西长4.5千米,南北长5.2千米。平安京是从大内里,即皇城开始建造的,之后再陆续修建了各条街市。北端的中间即大内里,大内里中心修建了大极殿,作为天皇举行各种仪式的场所。自大内里开始是贯穿市中心的朱雀大路,朱雀大路宽85米,将平安京分为左京、右京两个部分。京内纵横的大路、小路又把京区划分成小区域,东西向的称为"条",南北向的称为"坊",并依次编号命名。

▶▶▶ 平安京的缔造者——桓武天皇

提到平安京,就不得不提到它的建造者桓武天皇。

桓武天皇出生于737年,是光仁天皇(光仁天皇)的长子,曾名山部王。

其母地位卑微,他本与皇位无缘。光仁天皇在位时,册立了皇后嫡子为皇太子,山部王被作为皇族官员进行培养,后来也担任过中务卿一职。直到皇后及皇太子被相继废黜之后,山部王才被册立为皇太子,之后继承了天皇位,称桓武天皇。

两度迁都

历史上,桓武天皇曾两度迁都。

桓武天皇之父光仁天皇原属于天智天皇派系,经过与天武天皇派系长年争斗,最终夺得皇位。但平城京是由天武天皇派系主持建造的都城,其中佛教势力对政治渗透程度非常高。为了消除佛教势力对新政权的影响,使新政权摆脱寺院势力的控制,桓武天皇即位后决定迁都。

784 年,桓武天皇舍弃平城京,另建都城。第一次选址,修建了长冈京(長岡京),并从平城京迁都至此。长冈京位于现在的京都府西南侧,桂川、鸭川交汇处的下游,附近还有木津川、宇治川、巨樟池等大型水体。迁都 10 年后,长冈京遭受了严重的洪涝灾害,只能被迫放弃。作为都城,长冈京只存在了短短 10 年时间。此后,桓武天皇又下令建造了平安京。

长冈京被废弃的原因除了水灾肆虐外,还有统治者迷信风水。

784 年,长冈京的修造工程开始不久后,负责工程的藤原种继(藤原種継)遭到暗杀。策划暗杀行动的头目大伴继人(大伴継人)等人很快被捕,同时桓武天皇的弟弟、曾为皇储的早良亲王(早良親王)也牵涉其中,遭到流放,不久在流放途中被饿死。

之后,桓武天皇的皇后及母亲相继亡故,其子安殿亲王,即后来的平城天皇(平城天皇)也染上重病,伊势神宫(伊勢神宮)又遭遇火灾。阴阳师占卜认为这一连串灾祸皆是由于早良亲王亡魂作祟。于是,桓武天皇多次举办法事超度早良亲王,甚至追封早良亲王为崇道天皇(崇道天皇)。但是厄运并未远去,不到两个月,长冈京由于连番大雨,洪水肆虐,开始流行疫病。

794 年,桓武天皇不得不再次迁都到平安京。

桓武天皇两次迁都,均是为了巩固天皇亲政政权。作为平安时代的开创者,桓武天皇是日本古代史上少数几位能在相对长的时期内真正执掌朝政、处理政事的天皇之一。

桓武天皇的施政

担任中务卿的经历对桓武天皇即位后的执政措施有极大的影响。即位初期,为了巩固律令制,桓武天皇采取了一系列雷厉风行的改革措施,试图整肃地方政治、抑制豪族扩张。具体的措施如下:

(1) 设置巡察使、勘解由使,监督和审查国司、郡司等地方官员的官职接替,肃清地方政治势力。

(2) 推行"健儿制",将九州、奥州之外的军团全部废除,再集合各郡司的子弟作为士兵,称"健儿";志愿兵也精简为各国20~200人,驻军采取分配轮值的方式。

(3) 为了扩张领土,任命坂上田村麻吕(坂上田村麻吕（さかのうえのたむらまろ）)为征夷大将军,三次派兵征讨虾夷①。

(4) 庇护最澄、空海等佛教人士,发展新佛教。

桓武天皇颁布了一系列法令,禁止豪族强占土地资源,维护律令制国家的基础——公地公民制;严厉约束国司郡司等地方官员,杜绝其相互勾结、以国家税收中饱私囊的行为;设置勘解由使,专职督察国司卸任时的解由状。这些措施都触及官员和豪族的根本利益,引起他们强烈的不满和反抗。

此外,迁都和征夷给国家财政带来了巨大的负担,经济压力层层转嫁,最终落到了普通百姓身上,农民因不堪重负而重新依附于豪强贵族,班田收授制度难以维系,公地公民制也被严重削弱,律令制岌岌可危。桓武天皇不得不调整了改革力度,采取一系列温和的执政手段来缓解地方财政的压力,减轻农民的负担。

军事方面,桓武天皇学习唐朝的团结兵制,推行"健儿制",从郡司、地方豪族的子弟当中招募"健儿"组成地方唯一合法军队,从而有效控制了地方豪族,确保对地方的统治。同时,"健儿制"也使农民从兵役的负担中解脱出来,维持了农业的再生产,稳定了地方财政。

无论是即位初期的铁血严苛,还是执政后期的温和怀柔,抑或是"健儿制"的施行,桓武天皇的目标都只有一个——加强中央集权。

---

① 现在的北海道。

虽然桓武天皇整编了官僚机构，减轻了民众负担，但是讨伐虾夷和建造平安京这两个重大举措，使得中央财政紧张，百姓疲惫不堪。805年，围绕桓武天皇的这两大重要举措，朝廷展开了激烈的争论。菅野真道（菅野真道）主张继续，而藤原绪嗣（藤原緒嗣）主张停止。这一场大辩论就是历史上著名的"德政相论"（徳政相論）。当时，桓武天皇已经年近古稀，最终，他决定停止讨伐虾夷的战争。

3个月后，桓武天皇去世。

▶▶▶ 都城地位确立——药子之变

药子之变（薬子の変）也称为平城上皇之变，发生于810年。

806年，桓武天皇去世之后，其子平城天皇即位。三年后，平城天皇由于病弱，将皇位让与嵯峨天皇，自己退位，称为平城上皇。

他的宠妾藤原药子（藤原薬子）不甘心大权旁落，遂联合自己的兄长、时任参议一职的藤原仲成（藤原仲成），极力反对平城天皇退位。810年年初，平城上皇病势稍有恢复，便移居至从前的都城平城京，另立朝廷，与嵯峨天皇形成对峙之势。这便是日本历史上的"二所朝廷"。

由于藤原药子担任尚侍一职，统管了天皇侧近秘书的工作，嵯峨天皇无法向议政官下达"内侍宣"，宫中各项事务也有诸多不便，于是，嵯峨天皇在同年3月设置了藏人所，6月又废除了平城天皇曾经设立的观察使一职，恢复了参议，进一步刺激了平城上皇。

9月，平城上皇下诏废弃平安京，恢复平城京，遭到嵯峨天皇的坚决拒绝。嵯峨天皇一边着手巩固边防，一边逮捕支持平城上皇的官员，终于使平城上皇起兵。最终，藤原仲成被逮捕并被射杀，藤原药子自杀，平城上皇被迫出家。

嵯峨天皇一即位便经历这场政变，但最终肃清了反叛势力，继续修订法令和法典，整顿律令制国家。

药子之变以后，平安京的都城地位也得以确立，成为后世史书中的"万代宫殿""千年古都"。

04 摄关政治

在日本历史上,能够亲自执掌朝政、处理政事的天皇并不多。能在较长的时期真正执掌朝政、处理政事的天皇只有以下几位:

天武天皇(天武天皇てんむ),673—686 年;
桓武天皇(桓武天皇かんむ),781—806 年;
宇多天皇(宇多天皇うだ),887—897 年;
醍醐天皇(醍醐天皇だいご),897—930 年;
村上天皇(村上天皇むらかみ),946—967 年;
后三条天皇(後三条天皇ごさんじょう),1069—1072 年;
后醍醐天皇(後醍醐天皇ごだいご),1333—1336 年。

由皇族权贵而不是天皇把持朝政的政治形态在日本历史上时有发生,如推古天皇时代,真正的掌权者是圣德太子,中大兄皇子在成为天智天皇之前,也一直以皇太子的身份执掌朝政。

摄政和关白并不是律令制下的具体官位名称,"摄政"指的是在天皇年幼时代替天皇处理政务的人,"关白"指的是天皇成年后辅佐天皇处理政务的人。由摄政或关白执掌朝政、处理政务的政治形态被称为"摄关政治"。

在日本历史上,从 967 年村上天皇退位后不久到 1068 年后三条天皇登上天皇位为止,大约 100 年的时间,都是由藤原氏北家作为摄政或关白把持朝政的。因此,摄关政治也可以特指这一段时期的政治形态。

▶▶▶ 藤原氏的崛起

可以说,摄关政治时期实际上就是藤原氏北家的鼎盛时期。

桓武天皇迁都平安京后,旧的皇族被留在奈良,旧皇族的后代从天皇家分离出来,获得姓氏,成为新的贵族,出现在大和朝廷的政治舞台上。这个过程称为"臣籍降下"(臣籍降下)。例如,桓武天皇的后代就有桓武平氏(平氏),出现了平将门(平将門)、平清盛(平清盛)等名人;平城天皇的后代是在原氏(在原氏),《伊势物语》(『伊勢物語』)主人公在原业平(在原業平)就出自这一支;嵯峨天皇的后代是嵯峨源氏(源氏),有源信(源信)、源融(源融)等名人;清和天皇(清和天皇)的后代是清和源氏,后代有源赖朝(源頼朝)等名人,这也是最为后世熟知的一支。

随着新贵族的形成、壮大,有一个家族慢慢崛起,这个家族就是藤原氏。

依据藤原氏的家族系谱图,藤原氏起源于中臣镰足。飞鸟时代,中大兄皇子赐予中臣镰足"藤原"姓,此后,中臣镰足之子藤原不比等一脉被允许继承"藤原"姓。因此,藤原不比等被看作藤原氏的家祖。

藤原不比等的四个儿子又分成了南家、北家、式家和京家四大家族,担任过左大臣、右大臣、太师等职位,其中北家通过世代与皇室和其他贵族联姻,最终成为大和朝廷政治舞台上的一股重要力量。

北家的藤原冬嗣(藤原冬嗣)将自己的女儿顺子嫁给了仁明天皇(仁明天皇),生下的儿子成为文德天皇(文德天皇);藤原冬嗣的儿子藤原良房(藤原良房)迎娶了嵯峨天皇之女源洁姬为妻,并将两人生下的女儿明子嫁与文德天皇,生下的儿子成为清和天皇。

通过错综复杂的联姻,藤原北家巩固了政治地位,藤原良房获得了摄政之位,开启了藤原家摄关政治的时代。

866年,太政大臣藤原良房成为摄政,887年,其养子藤原基经(藤原基経)成为关白,藤原氏开始辅佐天皇甚至替代天皇执掌朝政、处理政事。通过大力推行律令制,藤原氏获得了超越其他贵族甚至皇族的地位。

897年,醍醐天皇即位后,重用菅原道真,压制藤原氏的权力,实现了天皇亲政。

930年,朱雀天皇即位,藤原基经之子藤原忠平(藤原忠平)成为摄政,执掌朝政。

946年,村上天皇即位,再次实现天皇亲政,藤原忠平之子藤原实赖(藤原実頼)获封左大臣。

967年,村上天皇去世,冷泉天皇(冷泉天皇)即位,藤原实赖终于成为关白。

醍醐天皇与村上天皇短暂亲政的时期,实际上就是天皇家与藤原氏势力角逐对抗的时期,在经历了摄关政治与天皇亲政的两次交替之后,藤原实赖担任关白,藤原氏的子孙通过累代相承和外戚关系独占摄政之位与关白之位,实际把持了大和朝廷的政权。直到1068年三条天皇即位为止,摄关政治持续了约100年的时间。

▶▶▶ 摄关政治的构造

根据平安后期藤原赖长(藤原賴長^{よりなが})的日记记载,他认为摄政和关白还是有差异的,"摄政基本就等同于天子,而关白只是百官之首,仍然是臣子"①。但是,无论表面上的地位如何,实际上摄政和关白无疑都是主导朝政的中心人物。

摄政与关白越过律令制官职机构,在庙堂中占据着独特、超然的地位。比如任命摄政与关白的诏书,在新天皇即位时会颁布,但是效力仅限于这一任天皇;如果下一任天皇即位,即使摄政或关白与之前的是同一人,也要重新下诏。这与其他律令制下的官职存在很大差异。这说明摄政与关白已经超越了律令制官职的框架,直接与天皇个人产生联系,而且这种联系十分紧密。

另一方面,藤原氏家族通常会由家族中地位最高的人担任统领,统领同时兼任朝廷的摄政或关白。因此,可以说是当时地位最高的豪族中的统领,也同时主宰了朝政。

我们也应该看到,虽然摄关政治极大地丰富了律令制下贵族体制的内涵,但是仍然立足于律令制,并没有形成或发展新的政治机构或组织。即便是摄关家的政所,也只是执行家族事务、氏族事务的机构。摄关虽然给国政带来了不可忽视的影响,但是并没有真正成为国家最高行政机关的一部分。

这里存在一个问题,"里内里"(里内裏^{さとだいり})是否可以视为摄关官邸?是否等同于政治机构?在平安时期,"里内里"只是作为摄关家的临时居所而存

---

① 藤原赖长的日记称为《台记》,也叫《宇槐记》。《台记》中记载:「摂政はすなはち天子なり、関白は百官を己『おの』れにすぶるといへども、なほ臣の位に在り」。

在,虽然有皇宫的建制,但是也未成为摄关家长期的、固定的居所。因此,直接将里内里视为摄关官邸的政所政治论其实站不住脚。

▶▶▶ 藤原道长建立的外戚体制

领导藤原氏北家崛起并发展到鼎盛的中坚人物藤原道长(藤原道長 みちなが)没有担任过关白。在当时的律令制下,有一种被称为"阵定"(陣定 じんのきだめ)的合议制度,即召开大臣、大纳言、中纳言、参议等顶级官员会议,内容是处理神事、佛事、天皇即位、改元等事务,也包括对官员进行功过赏罚评定和人事任免。摄政或关白只能对会议决议进行表决,表示赞成或否决。

藤原道长为了能参与"阵定"会议,以便更有力地把控朝政,一直只担任左大臣一职,并没有成为关白。

但是,这并不代表藤原氏放弃了对天皇的控制。

996年,藤原道长任左大臣。

999年,藤原道长将女儿彰子嫁给一条天皇为中宫,同为藤原氏出身的中宫定子①改称为皇后。中宫原本是对太皇太后、皇太后、皇后的称呼,因此,这实际上就出现了两个皇后并立的局面。

1008年,彰子和一条天皇的皇子出生,后来成为后一条天皇;次年,彰子又生下皇子(敦良亲王),成为后来的后朱雀天皇。

1012年,三条天皇即位次年,藤原道长将女儿妍子嫁给三条天皇为中宫。

1016年,三条天皇让位于后一条天皇,藤原道长担任摄政,次年,藤原道长将摄政的职位让给儿子藤原赖通,自己担任太政大臣。

1018年,藤原道长的女儿威子成为后一条天皇的中宫,至此,天皇家的太皇太后、皇太后、皇后都是藤原道长的女儿。

1021年,藤原道长将小女儿嬉子嫁给敦良亲王,敦良亲王后来即位成为后朱雀天皇,而嬉子与敦良亲王的皇子后来成为后冷泉天皇。

藤原道长通过与历代天皇的姻亲关系成为外戚,将藤原氏牢牢固定在

---

① 定子是藤原道隆之女,990年被立为中宫。

权力中心。他的长子,在后一条天皇、后朱雀天皇、后冷泉天皇时代一直担任摄政和关白,藤原氏的权势达到鼎盛。这一段时期是摄关政治的全盛时期。

摄关政治实质上就是藤原氏作为外戚把持朝政,而摄关政治始终由藤原氏操控,可以说摄关政治的形成与藤原氏家族的婚姻家庭形态有着密不可分的联系,或者说,平安时代的婚姻家庭形态是摄关政治形成的重要基础。平安时期虽然已经进入父系社会,但是在血缘关系、亲族关系上仍然沿袭母系传承。这种状态被称为"父系母所"。这样的社会有以下两个重要特征:

(1) 孩子由女方抚养。而女子为了获取更大的力量和更多的支持,通常比较信任和依赖原生家族,这就导致皇子从出生开始就与母家更为亲近,尤其与母亲家族中的男性,比如舅舅或外公亲近。这种在成长过程中形成的与母家之间的感情和纽带,以及由此带来的信任和依赖,往往比与皇族之间的血缘更为牢靠。

(2) 近亲结婚。在平安时代,人们普遍认可近亲婚姻,甚至认可超越了辈分关系的近亲婚姻。藤原北家不断将女儿送入后宫,因此,其在天皇家族的势力也不断被巩固。同时,藤原北家的社会地位保证了藤原家的女儿能被确立为皇后或中宫,其子也可以被立为皇太子。

比如早期的藤原良房,在世时便成为天皇的外祖父,并因此而获得辅佐年幼天皇的摄政之位,而摄关的位置一开始属于藤原氏北家,后来为什么属于九条流?因为藤原师辅(藤原 師輔)的女儿成了村上天皇的皇后。

综上可以看出,摄关政治之所以能长久维系,除了要培养有能力胜任摄政或关白的继承人外,还要有嫡出的女儿,嫡出的女儿进宫后要能诞下皇子,皇子还要能顺利继承皇位。这个过程充满了不确定性。

在后冷泉天皇时代,关白藤原赖通(藤原 賴通)使自己唯一的女儿被册立为皇后,期望她诞下皇子以继承皇位,因此与当时皇太弟尊仁亲王之间产生了严重的冲突。偏偏藤原赖通的愿望落空,后冷泉天皇无子而逝,尊仁亲王即位成为后三条天皇。尊仁亲王虽然也与藤原氏有血缘关系,其生母是藤原道长的外孙女,但是他十分反感藤原氏的傲慢与独断,逐渐产生了削弱外戚势力的决心。他依靠反对摄关家的藤原能长(藤原 能長)、村上天皇的后裔源师房（源師房﹝もろふさ﹞）等人，密谋推翻藤原氏；重用大江匡房（大江匡房﹝おおえのまさふさ﹞）等中等贵族，积极展开亲政；励精图治、崇尚简朴，造就升平繁荣的治世。当时，藤原氏的主要经济来源是庄园收入，后三条天皇对这一经济来源进行控制，设置了"记录庄园券契所"，颁布了第二份的《庄园整理令》，使得藤原氏的收入大受影响，为后来白河天皇彻底终结摄关政治、清除藤原氏势力打下了坚实的基础。

05 院政与庄园公领制

▶▶▶ 院政时期

从平安时代到镰仓时代，生前退位的天皇很多，退位后的天皇称上皇，出家后的天皇称法皇。

所谓"院政"，就是上皇或者法皇代替在位的天皇执掌朝政的一种政治体制。由于上皇的居所称为"院"，所以有了"院政"①这种说法。

上皇的办公机构称为院厅，院厅中的官员称为"院司"，院司多由上皇的亲信担任，称为"院近臣"；院厅发出的文书称为"院厅下文"，上皇的指令称为"院宣"。

院政成为政治常态

从奈良时代开始就陆陆续续出现了院政的现象，但由于藤原氏崛起，摄关政治在平安时代成为政治常态，在平安中期更是持续了 100 年之久。后三条天皇励精图治，重用大江匡房、源师房等大学者，开始削弱藤原氏摄关家势力，积极推进天皇亲政。

1072 年，后三条天皇退位成为上皇，试图开始院政，以在"院"中听政的方式，夺取藤原氏摄政、关白的权力。然而，后三条上皇第二年便病倒，不久病逝。现在也有历史学家认为后三条天皇退位，并非为了开展院政，而是因为生病。无论如何，后三条天皇开创的治世，是日本从摄关政治向院政的过渡。

后三条天皇迎娶了藤原能信（藤原能信﹝よしのぶ﹞）的养女为妻，生下贞仁亲王。

---

① "院政"这种说法在江户时代历史学家赖山阳（頼山陽﹝らいさんよう﹞）的著作《日本外史》中首次使用。

藤原能信曾在尊仁亲王与藤原氏摄关家对立的时候为他提供了庇护和支持，是反对摄关家的重要力量。后三条天皇让位后，贞仁亲王即位成为白河天皇。

后三条天皇成为太上天皇后，指定了白河天皇的两个弟弟依次继承皇位，但是，白河天皇并没有遵从遗旨，而是在1086年让位给堀河天皇，自己作为上皇执掌朝政，开启了日本历史上的"院政期"。

三段院政期

院政在日本历史上一共持续了250年的时间，中间以保元之乱和承久之乱为节点，又分为三个阶段。

第一个阶段是白河、鸟羽院政期，这一时期的院政具有强烈的专制色彩。无论是从制度还是从实际情况来说，天皇和摄政、关白的关系都更加密切，但是，白河上皇将朝政的主控权从摄政、关白手中夺取过来了。日常朝政的处理还是要依靠朝廷各部门，只有最终的裁决权和指令的发布权握在上皇手中。上皇手下有一大批属于中流贵族的院近臣，他们负责处理"院"内部的事务，将朝廷上报的奏请递交给上皇，并传达上皇的指令。院厅还设置了"北面武士"等武装力量。这一时期，"院"虽然作为顶级政治机构出现，但并未直接参与国政的议定，并不是一个具体处理政务的部门。

第二个阶段是后白河院政期，除去中间短暂的天皇亲政，这一时期一共持续了大约60年的时间。这一时期，武家政权也日渐强大，尤其是平氏和源氏的崛起，开启了公武两家政权对立的局面。一方面，在保元、平治之乱中武士阶级开始意识到权力的重要性，逐渐把持了朝政；另一方面，为了对抗武士势力，贵族、豪族、宗教势力等都向"院"靠拢，巩固了"院"的地位和权威，院厅原本只处理"院"的事务，随着各方势力的集中，也开始参与国政的议定。公武两家的对立在反反复复的妥协与斗争中愈演愈烈。

第三个阶段是承久之乱后的后高仓院政期，终结于1321年。14世纪至少有80年的时间是院政期，但这一时期的院政完全是在武家政权的监视和保障下推进的，院厅的主要职责就是控制寺院和公家。除一般的政务外，皇位更迭、公家内部人事变动也受到武家政权的左右。

日本史上所说的院政时期，一般指的是第一个阶段——白河、鸟羽院政期。

庄园公领制

庄园在日本兴起于8世纪，于12世纪达到顶峰，成为社会经济基础，16世纪基本没落。而在白河、鸟羽院政期，庄园面积占全国土地面积的一半左右，其余土地仍保持公领形式，这种土地制度被称为"庄园公领制"。

律令制国家的基础虽然是公地公民制，但是部分私有土地仍然受到律令的保护。743年，圣武天皇为了扩大税收、增加田地，曾颁布了《垦田永年私财法》，承认新开垦的土地归开垦者所有。

官僚队伍和贵族对私有土地充满天然的渴望，他们获得私有土地的来源主要有两个：一是国家为了支付薪俸赐给官员的职俸田，二是开垦荒地所得的私田，以及利用职务和权势侵占的公田私田。私有土地的规模越来越大，土地的所有权逐渐集中到有权势的家族手中。

于是，各个家族纷纷建立起"庄"，来管理私有土地，储存这些土地的产出物。每个"庄"的管辖范围就被称为"庄园"。这样一来，一座座封建庄园陆续形成。然而，由于公民制的限制，初期的庄园中并没有固定的庄民，而且庄园主仍然要向国家缴纳税款。

后来出现了获得免租权的"官省符庄"，称为"不输"；庄园主为了实现庄园的完全私有，开始禁止国衙检田使进入庄园，称为"不入"。有了"不输不入权"之后，地方豪族才真正控制了庄园，使庄园成了与公领并立的经济体。

由于生产力低下，农民负担不了实物租，转而缴纳劳役租，这为私田的扩大提供了充足的劳动力。无论是实物租还是徭役租，农民距离封建主越远，封建主的剥削就越难以维持。既要保障农民的生活，又要使封建主的剥削所得最大化，这就需要将农民限制在一个有限的空间内。居住在庄园范围内的居民，也从"公民"变成了归庄园主所有的庄民。

随着私有土地的增加和规模化，公领的税收不断下降，中央财政陷入困境。为了摆脱这种局面，国司凭借检田使试图没收未经公检的庄园。为了防止庄园被没收，小庄园主开始投靠大庄园主，采用"寄进"的手段获得庇护，让大庄园主成为土地名义上的所有人，自己则获得管理庄园的"下司职"，但其在自家庄园的地位和经济收入并不受影响。这样的形式称为"寄进地系庄园"。

这样一来,院、大贵族、寺院既拥有大片土地,又有大批庄民可供驱使,无论在经济上还是军事上,影响力都越来越大。

▶▶▶ 院政时期的社会状况

后三条天皇在位前期,亲自参与政治,重用大江匡房等人进行国政改革。当时的中央政府财政十分困难,后三条天皇认为这是庄园过度增加和扩张的后果,因此在 1069 年颁布了《延久庄园整理令》。以前虽然也颁布过类似的庄园整理令,但是由于地方势力不予理睬,基本就是一纸空文。这次颁布的法令规定,在中央朝廷设置"记录庄园券契所",专门登记和审查庄园的合法性。这条措施收效十分明显,光是石清水八幡宫①所持有的 34 处庄园中,就有 13 处被查封。

亲政四年,后三条天皇感觉到天皇的政治行动受到诸多限制,十分不自由。于是让位给白河天皇,试图以院政的形式继续实现政治抱负。遗憾的是,后三条天皇不久便抱病而亡。

有了后三条天皇的庄园整顿作为基础,白河天皇继承了他的遗志,继续进行国政改革。而他面临的最大威胁便是僧兵。

这一时期,寺社的武装力量已经发展到集团化的地步,时常结伙向朝廷示威,被称为"强诉"(強訴)。比如奈良的兴福寺僧兵,高举藤原氏族神春日大社的神木进行强诉,摄关家稀里糊涂的,不加干涉,白河天皇也十分头疼。

此外,延历寺与圆城寺之间也存在尖锐的矛盾,经常发生武装冲突。特别是 1081 年,双方爆发激烈冲突,死伤无数。白河天皇因为袒护延历寺,害怕圆城寺僧兵报复,下令曾在"前九年之役"②中崭露头角的源义家

---

① 石清水八幡宫是寺社势力的代表。
② 又称"前九年合战",是平安时代后期以奥州(日本东北地区)为主要舞台的地区性战争。盘踞陆奥国的大贵族安倍氏势力越来越大,几乎与大和朝廷分庭抗礼,开始怠交租贡,由此引发了战乱。源赖义(源頼義)率军平叛,经过 9 年苦战,1062 年,得到了出羽豪族清原武则(清原武則)的援助,终于打败了安倍宗任(安倍宗任)的军队,击杀了安倍贞任(安倍貞任),取得了胜利。1083 年至 1087 年,又在同样的战场发生过一次历时 3 年的战争,这次战争被称为"后三年之役"。

(源義家〔よしいえ〕)担任自己的护卫。同时这也开创了武士护卫天皇的先河。在白河天皇退位成为上皇以后,他将这些武士编为武士团,充作院厅的军事力量,称为"北面武士"。

此外,白河上皇还设立了院厅,通过院近臣和北面武士来处理朝政、应对问题。

前面提到,由于庄园制的发展,到了白河上皇院政时期,日本的土地几乎变成了私有地。一方面,大庄园主也需要招纳管理庄园和庄民的人才;另一方面,国库无法收到足够的税赋来支付官员的薪俸。于是,原本通过"受领"制度领取薪俸的下层职员,就选择在院(天皇家)、摄关家、上层贵族的庄园中兼任职务,获取报酬。院、摄关家、上层贵族等实际控制了全国官员的任免。

这个时期,大和朝廷实质上形成了权力分散的局面,院、大贵族、寺院、武士都分别握有一定的权力,在庄园公领制的基础上,各方势力不断壮大其家族的规模和力量,终于形成顶级家族集团,家族的对立和矛盾的激化,引发了后面的保元、平治之乱。

06 保元、平治之乱

▶▶▶ 保元之乱

"保元之乱"(保元の乱)发生于1156年7月,对阵双方一方为后白河天皇(後白河天皇)和其支持者平清盛、源义朝(源義朝)等,另一方为崇德上皇和其支持者平忠正(平忠正)、源为义(源為義)等。保元之乱的双方均借助武士的力量作战,标志着武士阶层走上日本政治舞台,保元之乱成为日本武家政治的开端。战斗的结果是后白河天皇一方胜利。

保元之乱是天皇家崇德上皇与后白河天皇的兄弟之争,在藤原氏摄关家表现为藤原忠通(藤原忠通)和藤原赖长的兄弟之争。对阵双方都动员了当时最有权势的武士家族源氏和平氏的力量,最后演变成了大规模的武力冲突。在崇德上皇和藤原赖长的阵营中,有源氏一族的中坚力量源为义和其子源为朝,平氏一族也有平清盛的叔父平忠正加入。后白河天皇、藤原忠通一方招揽的是源为义的长子、源为朝的兄长源义朝,还有当时有名的武士平清盛。

保元之乱无论对于皇族还是对于贵族都是骨肉相残的兄弟之争。参战双方人物众多,关系错综复杂。内乱爆发的原因,追根究底,还是权力集团内部存在矛盾。

▮ 天皇家的对立

在天皇家,白河天皇为了对抗藤原氏的摄关政治,退位成为上皇,设置了院厅,院厅中有院近臣集结在上皇周围,也拥有一股称为"北面武士"的独立的军事力量。可以说,院政对天皇皇位继承传统的颠覆是保元之乱的源头。

在白河天皇之前,皇位的继承者要优先从天皇的弟弟中挑选,称为皇太弟;前面提到的壬申之乱就是天智天皇的胞弟大海人皇子和天智天皇的儿子大友皇子之间的皇位之争。

但是，前一代天皇退位成为上皇或法皇之后，只有让自己年幼的儿子继位，才能实际控制院厅，组织起有效的院政，把持朝政。换句话说，上皇必须对在位天皇具有绝对的控制力。父亲对儿子或祖父对孙子的控制力也许还够强，但是兄长对弟弟的控制力就弱了许多。因此，白河天皇虽然还有两个弟弟，却将天皇的皇位传给了儿子堀河天皇。

堀河天皇即位时只有8岁，藤原氏摄关家的影响力尚在，在经历了一段时间的反复拉锯之后，白河上皇的势力终于取得了胜利，实现了院政。

堀河天皇从此醉心诗词歌赋，在音律上颇有造诣。他的第一个皇子出生后便养在白河上皇身边，仅仅7个月就被立为皇太子，5岁便即位成为鸟羽天皇。

可以说，白河上皇是通过改变皇位继承制度实现了院政。

白河上皇死后，他的孙子退位成为鸟羽上皇，继续采用院政的方式把持朝政。鸟羽上皇与崇德天皇的关系并不亲密，为了巩固院政的实权，他逼迫崇德天皇让位给他的另一个儿子近卫天皇。这样一来，对鸟羽上皇来说，天皇无论是谁，只要是自己的儿子，他就可以继续把控朝政。而崇德上皇作为近卫天皇的兄长，实际上不能主持院政，这就引起了崇德上皇的强烈不满。

近卫天皇病逝后，崇德上皇的另一个弟弟继位成为后白河天皇，鸟羽上皇继续把持院政。崇德上皇想要夺取院政的实权，就必须迫使后白河天皇退位，让自己的儿子成为天皇。而在位的后白河天皇也想让自己的儿子即位，自己成为上皇主持院政。

1156年，即保元元年，鸟羽上皇驾崩。崇德上皇与后白河天皇之间的矛盾终于激化。

藤原氏摄关家的矛盾

在白河院政时期，摄关家的权势一度被打压，直到鸟羽院政时期，藤原忠实将女儿嫁与鸟羽上皇为妃，藤原氏摄关家的地位才开始恢复。

藤原忠实举荐大儿子藤原忠通为关白，自己却将权力牢牢握在手中，引起藤原忠通的不满。

藤原忠通长时间没有子嗣，于是在父亲的胁迫下，将比自己年幼23岁的异母弟弟藤原赖长收为养子。但是,藤原忠通在 40 岁时又生下了长子藤原基实,于是,他十分希望藤原基实这个儿子能继承关白的位置。至此,藤原忠通和藤原赖长的养父子关系完全破裂。

藤原忠通和藤原赖长的对立也反映在近卫天皇的后宫中。1150 年,藤原赖长将养女送入后宫,使其被册封为皇后;3 个月后,藤原忠通也将养女送入宫中,使其被册封为中宫。藤原忠通因为这种两个皇后对立的局面,与藤原忠实断绝了父子关系,将藤原氏族长的位置也让给了藤原赖长。

至此,以藤原忠通为代表的一方与以藤原忠实和藤原赖长为代表的另一方完全对立起来。

武士集团的登场

武士出现的基础是庄园经济的发展,领主和农民、寺社势力、私人领地的增加及财力、物力的增加都为武士群体的发展提供了助力;律令制的崩溃和瓦解,让中央集权国家权力逐渐衰落,国家权力与武士权力此消彼长,武士集团的形成成为必然。

"承平—天庆之乱"①的发生,展示了武士集团的成长与壮大,因为战乱频仍,各地武士集团迅速崛起。源氏一族通过在"平忠常之乱""前九年合战""后三年合战"中的胜利,走向武士集团的顶峰;上一章提到院政初期白河法皇创立的北面武士也推动了武士集团的兴起和发展;在争权夺利、相互倾轧的过程中,源氏势力日渐衰弱,平氏一族逐渐兴起。

就这样,各个阶层之间均出现了矛盾,局势一触即发,任何一个阶层的矛盾擦出火花,都有可能引发严重的后果。

保元之乱的过程及乱后处置

后白河天皇的近臣信西(信西)②在背地里散布流言,意指崇德上皇和藤原赖长集结了兵力准备发动叛乱。流言正好被后白河天皇利用,他迅速

---

① 935 年到 941 年之间,平将门(平将門)与藤原纯友(藤原純友)相继发动的地方战乱,均以失败告终。

② 信西出生于藤原氏南家,原名藤原通宪(藤原通憲),1142 年出家,法号信西。

颁旨禁止藤原赖长集合兵士,并缴没了他的财产。这个举动将崇德上皇和藤原赖长逼入绝境,他们最终起兵。但是,他们起兵并没有正当的理由,兵员数量又处于劣势,再加上战术的拙劣,很快就失败了。

失败后,信西主持了对叛军的处理。崇德上皇被流放,8 年后去世;藤原赖长因在战斗中受伤,战斗结束不久后去世了,藤原氏摄关家的势力被极大削弱;武士集团中,平忠正、源为义被处死。

保元之乱结束后,后白河天皇开始新政,推行国政改革。同一年 9 月,颁布了《保元新制》,推行《庄园整理令》。信西作为改革的中坚力量,设置记录所,启用了一大批新人,逐步手握大权,又将没收的藤原赖长的领地收入囊中,经济实力大增。

为了推进国政改革,维持内乱后京都的治安,信西联合了当时最有力量的北面武士——平清盛,平氏一族的地位也日渐上升。信西和平清盛的联盟逐渐掌握了实际的政权。

另一方面,以源义朝为首的源氏一族,同样在保元之乱中站在后白河天皇一侧,却逐渐因大权旁落,心生不满。之后,后白河天皇将皇位让给二条天皇(二条天皇),自己出家成为法皇,开始主持院政。其近臣藤原信赖(藤原信頼)开始联合源义朝,与源氏一族越走越近。

▶▶▶ 平治之乱

1159 年 12 月初,藤原信赖和源义朝趁平清盛离开京都,起兵围攻后白河法皇的御所三条殿,讨伐信西,迫其自杀,并软禁了天皇和法皇。

平清盛在远赴熊野的途中收到消息,立即带兵回京,假意归顺藤原信赖,成功解救了天皇和法皇。

同年 12 月底,源平两军在内里、六波罗附近发生激烈的武装冲突。由于源光保(源光保)等人的倒戈,源义朝被孤立,大败,之后在尾张被叛变的部下杀害。藤原信赖也被捕杀。藤原信赖和源义朝的联盟被剿灭,源义朝的第三子源赖朝被流放到伊豆。

这场内乱,被称为平治之乱。平治之乱后,源氏一族的势力被削弱,权力逐渐转移到平氏一族手中。

07 源平之战

源平之战(源平の合戦)也称"治承—寿永内乱"①,从公元1180年源氏举兵开始,到1185年平氏势力被颠覆为止,源平两族之间发生了持续6年的内乱。

▶▶▶ 平氏崛起

平清盛是平忠盛的长子,1118年生于京都。

1137年,平忠盛建造熊野本宫,平清盛被任命为肥后守。

1153年,平忠盛去世,平清盛成为平氏的族长。

保元、平治之乱中,平氏一族的政敌源氏几乎被剿灭。源氏领袖之一源义朝在逃亡途中遇害,第三子源赖朝被流放到伊豆,多位幸存的幼子亦被送入伽蓝佛寺,源氏一族暂时衰落。而平清盛为平定内乱立下首功,平氏全面掌握了国家的军事权。

平氏一族把控了院厅别当(別当)②、左马寮(左馬寮)③、内藏寮(内藏寮)④等要职,政治影响力越来越大。平氏在其属国不仅任用诸多族人,也重用家臣和部下,经济实力逐渐达到顶峰。在内乱中,许多军事贵族败落,维持京都治安、平定地方叛乱、管理各地庄园这些重要的事务都由平氏一族负责。平清盛在后白河上皇和二条天皇的对立中明哲保身,最终凭借平氏一族的经济实力和军事实力确立了其在武士家族中的地位。

---

① 1180年是治承4年,1182年改为寿永元年,这次内乱发生在治承、寿永年间,因此被称为"治承—寿永内乱"。

② 别当的职务为兼任职务或临时性职务。

③ 律令制下的重要武官官职,不仅要管理马厩,还要负责都城防务、维护治安等警备工作。

④ 负责管理皇室财产。

1160年，平清盛被任命为参议，史无前例地以武士的身份成了公卿，参与政务。之后，平氏一族公卿辈出，朝中重要官职皆由平家人出掌，朝外许多令制国也落入平家手中。平氏政权开始走向兴盛。

平清盛的继室时子是二条天皇的乳娘，时子之妹平滋子当时是皇太后。平清盛凭借这两方的关系，既在朝廷中担任中纳言，又在院厅任职，左右逢源。

1161年，平滋子为后白河上皇生下皇子宪仁亲王，平氏一族密谋将这个皇子立为皇太弟，消息走漏后点燃了二条天皇的怒火。平时忠（平時忠）、平教盛（平教盛）被罢官，后白河上皇的院政被迫中断。此时，平清盛委派武士担任天皇御所的警卫，以表示支持二条天皇，得到二条天皇的信任，大力推动天皇亲政。

1164年，关白藤原忠通去世，继任的是年轻的近卫基实（近衞基実）。平清盛抓住这个机会，将自己9岁的女儿盛子嫁给近卫基实，缔结了姻亲关系。后白河上皇为了让宪仁亲王即位，需要平氏的支持，也默认了平氏与摄关家的联姻。平清盛顾及后白河上皇的立场，建造了莲华王院，并通过"寄进"手段为莲华王院争取了大量的庄园和领地，为后白河上皇继续掌权夯实了经济基础。

二条天皇去世后，年幼的六条天皇即位。这时，近卫基实突然去世，后白河上皇重开院政，重新掌权。平清盛虽然升任大纳言，但对后白河上皇的院政深感不安。在平清盛的操纵下，摄关家的大部分领地由盛子继承，平氏一族成功夺取了摄关家的部分经济大权。

1167年，平清盛获封没有实权的太政大臣，仅任职3个月便辞职，不久便病倒出家。后白河上皇害怕平清盛的病情引起朝中动荡，将改立宪仁亲王的计划提前实施。

1168年，高仓天皇（高倉天皇）即位。平清盛康复后整修严岛神社，致力于扩大与宋朝的贸易。

1169年，后白河上皇出家成为法皇，平清盛与后白河法皇同一天在东大寺受戒，之后又将女儿德子嫁给高仓天皇，与后白河上皇之间的政治联系更加紧密。

至此，平氏一族在全国占有500多座庄园，凭借与宋朝的贸易积累了丰厚的财产，平清盛由台前转向幕后，可谓权倾天下。

▶▶▶ 反平氏势力的集结

后白河法皇对平清盛的势力扩张越来越不满。1179年,平清盛的女儿盛子突然去世,后白河法皇立即没收了盛子名下的摄关家的庄园。不久,平重盛(平重盛)也去世,后白河法皇同样没收了他的"知行国"越前国。接着,法皇又弃用近卫基实的长子近卫基通(近衞基通),等于放弃了近卫家,转而支持藤原氏摄关家嫡系的另外一支松殿家,让试图通过联姻控制了近卫家进而控制摄关家的平清盛十分恼怒。

1179年底,平清盛发动军事政变,逼迫后白河法皇停止院政,史称"治承三年政变"。他将法皇软禁于鸟羽殿,罢免了反对平氏势力的39名公卿、院近臣等,让亲近平氏的官员上位。但是,院政停止之后,高仓天皇、近卫基通、平宗盛(平宗盛)都没有政治经验,朝政运转陷入困顿。不得已,平清盛再次走到台前。在平清盛的操纵下,高仓天皇让位于安德天皇(安德天皇),安德天皇成为平清盛的傀儡。

平氏独裁,严重触动了院厅的势力;受平氏一族崛起影响最大的大贵族就是藤原氏摄关家。平氏一族在京都的势力稳固发展,不仅占据重要官职,霸占大量庄园和"知行国",还通过通婚与院厅同进同出,一手遮天,固守着原有的政治地位。而地方上,平氏一族的"知行国"急速扩张,代表中央行使地方行政权力的国守、目代等与地方武士的对立愈演愈烈,武士的小规模叛乱已成常态。地方武士迫切希望摆脱旧体制,获得更大的发展,对平氏一族的态度非常失望。

本来保持着独立性的寺社势力,也觉得平氏一族很难掌控。在平清盛的力谏之下,高仓上皇计划参拜严岛神社,遭到寺社势力的强烈反对。正是这些寺社最后集结了各方势力走上了讨伐平氏之路。

▶▶▶ 源平对决

以仁王举兵

安德天皇即位之后,后白河法皇的几个儿子彻底失去了继承天皇皇位的可能性。1180年，后白河法皇的三皇子以仁王在源赖政（源頼政^{よりまさ}）的支持下，计划讨伐平氏，推翻安德天皇的统治，建立新政权。并发出谕令敦促诸国的源氏、大寺院等举兵响应，吹响了反对平氏独裁的号角。

这次计划由于准备不足，举兵初期即败露，被平清盛严酷镇压，以仁王和源赖政在宇治平等院战败身死。

这次动乱虽然迅速被平息，但是，以仁王的密旨仍然经由源行家（源行家^{ゆきいえ}）传到了全国各地蛰伏的源氏势力手中。很快，以此事件为契机，本来只局限在京都一带的动乱蔓延到全国，各地、各阶层的反平氏势力联合起来，相继举兵，最终演变成了全国性的内乱，形成了源氏与平氏两大势力对峙的局面。

源赖朝参战

1180年8月，源赖朝联合了相模、伊豆、武藏的武士团，举兵参战。源赖朝和舅舅北条时政（北条時政^{ほうじょうときまさ}）合谋击杀了伊豆国目代山木兼隆（山木兼隆^{かねたか}）之后，被平氏一方的军队击败。源赖朝逃到相模国三浦半岛，与内应三浦氏的水军会师，势力逐渐扩大。此后，源赖朝以"讨伐目代、接替国衙的行政权"为口号，展开了势如破竹的进攻，从坂东一带一直扩张到关东。短短两个月就进入镰仓，并以此为根据地，建立起关东政权，即后来的镰仓幕府。

内乱波及全国

同一时期，武田信义（武田信義^{たけだのぶよし}）所在的甲斐源氏的旁支家族成员、源赖朝的堂兄，信浓的源义仲（源義仲^{よしなか}）①也起兵响应。

另一方，平维盛（平維盛^{これもり}）指挥的平乱军追击到骏河国，10月中旬在富士川与源赖朝、甲斐源氏联军对峙。某天半夜，群鸟涉水，平乱军听到响动，误以为联军大规模来袭，纷纷临阵脱逃，两军尚未实际交战，即以平乱军败走而结束。这便是有名的富士川之战。

富士川之战结束后，东部的军事势力基本已经归入源氏麾下，骏河、远

---

① 又名木曾义仲，《平家物语》中称其为"朝日将军""旭将军"。

江两国被甲斐源氏所控制。源赖朝急于巩固关东地区的势力,于是返回镰仓,创立"侍所"①,整顿军政,发展城市建设,并于 12 月举行庆典庆祝政权的建立。

同一时期,反对平氏的斗争风起云涌,甚至波及西部。西部本来是平氏势力的大本营,但那里的反平氏斗争也很激烈。

▶▶▶ 平氏一族的灭亡

平清盛去世

在畿内,寺社势力领导了反对平氏的斗争。平清盛为了与之对抗,又将都城从福原搬回平安京,对反平氏势力采取军事行动进行打压。1180 年年底,平重衡(平重衡)烧毁了最大的一处寺社势力的聚点——兴福寺。翌年初,平清盛基本压制了畿内的反叛势力。

这期间,主持院政的高仓上皇驾崩,平氏一族迫不得已重开了后白河法皇的院政。1181 年 2 月,平清盛郁郁而终,平氏政权失去了强有力的灵魂人物。

时逢农田歉收,日本西部饿殍遍地,平氏大军战意委顿。3 月在尾张赢得了一场奇迹般的胜利之后,便停止了东进平叛的行动。

两个天皇

在北陆道地区,源义仲于 1180 年 9 月起兵,并迅速在北陆地区扩张势力范围。1181 年秋,战线推进到越前,与平氏大军形成对峙之势。在接下来的两年间,战局没有太大变化,到 1183 年 5 月,源义仲在砺波山大败平维盛率领的平氏大军,终于在 7 月底挺进畿内,抵达延历寺。平宗盛眼看大势已去,便带领平氏族人,挟持年幼的安德天皇,携带三大神器,向西部逃窜。在后来的坛之浦战役中,安德天皇落海而亡。

源义仲虽然占领了京都,但是其麾下军队缺乏统御,加上头两年的大灾

---

① 侍所是镰仓幕府的中央政治机关之一,1180 年由源赖朝设立。其主要任务为统领御家人,战时指挥军队,维持治安,向守护及御家人传达命令,相当于军事、警察机构。

荒，畿内存粮不足，不能为军队提供给养。武士们在城中烧杀抢掠，肆意横行，严重破坏了畿内治安。

此时，天皇皇位空置，急需选择新的天皇即位。后白河法皇及一众公卿朝臣均属意于高仓上皇的某位皇子，而源义仲一直支持以仁王第三子北陆宫，引起了朝廷的反感，双方之间关系紧张。最终，高仓上皇的第四皇子即位，称后鸟羽天皇(後鳥羽天皇)。此时安德天皇只是被挟持到西部，尚未身故，形成了日本历史上罕见的两个天皇并立的局面。

《十月宣旨》

拥立天皇事件让源义仲的筹谋彻底落空。在源氏一族内部，围绕家族最高权力，源义仲与源赖朝产生了尖锐的矛盾。他与进入京都的其他源氏族人也未能协调好关系。在这样的情势下，要求源赖朝入京的呼声越来越高。

9月，后白河法皇一边以剿灭平氏大军为由将源义仲派往山阳道，一边暗中催促源赖朝入京勤王。源赖朝趁机与后白河法皇私下沟通，敦促后白河法皇颁布《十月宣旨》。依据《十月宣旨》的内容，源赖朝要将武力夺取的东部各地的国衙领和庄园返还给原来的国衙和庄园主，而朝廷将承认源赖朝在这些地区的统治权限。

《十月宣旨》在事实上承认了源赖朝政权的合法性，成为其立足的依据。

《十月宣旨》将源义仲逼至穷途末路。11月，源义仲烧毁了法皇御所，为了实施独裁，他甚至逼迫法皇颁布追讨源赖朝的院宣。第二年年初，他又自封为征夷大将军，统揽军政大权。与法皇的决裂和昔日盟友的离弃，让源义仲陷入孤立无援的境地。正月里，源赖朝派遣同父异母的弟弟源义经(源義経)和源范赖(源範賴)率兵西进，在宇治川与源义仲的木曾军展开会战。源义仲战败逃离京都，不久在近江国遇到截杀，战死。

平氏最后的挣扎

逃到九州的平氏一族趁着源氏内乱，力图挽回昔日势力，来到曾经的都城福原，重新集结了两支军队，指望重回京都。

源义经、源范赖率领的源氏军队战胜源义仲之后，收到了追击平氏大军的院宣。1184年2月,两军遭遇,源义经凭借奇袭,击破平氏的一支军队。平氏大军折员惨重,退守屋岛。

  当时的源氏大军战船及军饷严重不足,并未能乘胜追击。1185年2月,源义经终于成功渡海,将平氏大军逼至海上。平氏大军失去了濑户内海的制海权,源义经在内海水军的协助下紧追不舍,于3月在坛之浦与平氏展开了最后的决战。安德天皇落海身亡,其生母及平宗盛等人被捕,平氏一族覆亡。

  至此,源平之战终于画上了句号。但是,源赖朝对平氏残余势力的追剿十分严苛,又与源义经之间产生罅隙,导致了源义经的反叛。虽然与平氏之间的斗争已经结束,但是源赖朝认为无法轻易解除战时体制,直到1189年征讨奥州的战役结束,才终于公开表示公武两家政权应该"和平相处"。第二年,源赖朝上京,与后白河法皇会面,标志着和平与新时代的到来。至此,保元之乱已经过去30余年,治承之乱也经过了10年的时间。此后大约又经过了10年,镰仓幕府的权力机构才在日本全国完整设立并开始运转,渗透到政治、经济、社会等方方面面。

08 镰仓幕府

镰仓幕府是由源赖朝建立的武家政权,其发展过程分为三个阶段:源氏将军、职权政治、得宗专制。

▶▶▶ 幕府成立:源氏将军

1159年平治之乱以后,源赖朝被流放到伊豆。1180年,源赖朝响应以仁王的诏令,起兵攻打平氏政权,很快以相模的镰仓为据点,设置了"侍所",统领"御家人"(御家人)①,管理远江以东的"东国"。源赖朝在镰仓建造了新的宅邸,并于年底集合御家人,举行迁居仪式。这就标志着新政权的建立。在此后的3年里,新政权脱离了京都朝廷的控制,直接统治着"东国"。但是,源赖朝从起兵初期开始,就和后白河法皇暗通款曲,得到了法皇明里暗里的诸多支持。1183年平氏逃离京都后,后白河法皇要求源赖朝立即前往京都协助恢复院政,于是颁布了《十月宣旨》,承认了新政权对"东国"的辖制权。这样一来,"东国"不再是独立国家,而是受大和朝廷支配的地域。

1185年,平氏一族彻底覆灭之后,源赖朝与源义经兄弟阋墙,风云再起。源义经在源平之战中一直在前线领兵作战,在军队中有着一定的影响力,源赖朝为了限制源义经在地方上的力量,胁迫朝廷承认了守护、地头等职位的设置。源义经逃亡到奥州藤原氏的领地。1189年,藤原泰衡(藤原泰衡)在源赖朝的重压之下屈服,放弃了源义经,最终和源义经一同被源赖朝所灭。

1190年,源赖朝来到京都,和后白河法皇会面。朝廷承认了他总追捕使、总地头的地位,准许他带领御家人担任"诸国守护"。源赖朝对全国军

---

① 御家人就是将军直属的近卫武士。

队、警察的控制得到朝廷的认可。1192年,源赖朝被任命为"征夷大将军"(征夷大将軍_{せいいたいしょうぐん})。

初期的镰仓幕府作为政治机构,在侍所之后又于1184年设立了"问注所"(問注所_{もんちゅうじょ})①和"公文所"(公文所_{くもんじょ})②,公文所后来改名为"政所"(政所_{まんどころ})。源赖朝从京都请来大江广元(大江広元_{おおえひろもと})等人组成管理集团,轮流负责处理政务。这些机构基本都是由将军独裁管制的,与守护、地头相对应,后来又在京都设立了京都守护,在九州设立了镇西奉行,奥州藤原氏灭亡之后,又在奥州设立了奥州总奉行。

📚 成立时期的争议

然而,镰仓幕府到底成立于哪一年?关于这一点,历史学界存在很大的争论。日本传统历史教科书的说法是1192年,源赖朝如愿被封为征夷大将军,标志着作为武家政权的镰仓幕府正式成立。但是,在1192年之前,以源赖朝为代表的武家政权就已经与朝廷并立,开始了对政治的干预。

1185年,源赖朝迫使朝廷批准他在各国设立守护,在各公领及庄园设立地头。两者都是地方行政区的最高长官,由源赖朝直接任命,接受恩赏和庇护,同时也对源赖朝政权尽职效忠。这是一种典型的封建主从关系。守护掌管各国的治安,手中握有一定的武装力量;地头在各公领及庄园征收年供并维持治安,同样握有一定的武装力量。掌握了这两种职位的任命权,源赖朝实际把控了全国各地的武装力量。从这个角度来看,朝廷承认源赖朝设立守护和地头,就是变相承认了源赖朝对军队的控制权,标志着镰仓幕府的成立。

也有一些学者认为,1183年后白河法皇颁布《十月宣旨》,就已经被迫承认了源赖朝对东国的统治权,这应该被视作镰仓幕府成立的标志。

甚至还有学者认为,1180年源赖朝起兵之后不久,在镰仓设立"侍所",被公认为"镰仓之主"。政权根据地的建立便可以作为镰仓幕府成立的开端。

---

① 问注所是负责诉讼事务的机关。
② 公文所是处理公文及政务的幕府机关。

这些不同的说法，都来自对镰仓幕府本质的不同认识。暂时没有办法断定哪一种更确切。总之，无论镰仓幕府的成立年代被确认为哪一年，都是源平之战孕育了武家政权，镰仓幕府就在这个过程中慢慢成长，最终成为统治全国的政权力量。

幕府中期：执权政治

源赖朝死后，其子源赖家（源頼家）成为将军。当时的幕府权力转移到源赖家乳娘的丈夫比企能源手中，将军的独裁权力受到极大的限制。1203年，源赖朝的岳父北条时政将比企氏歼灭，并将源赖家废黜，幽禁于伊豆修善寺，拥立了其弟源实朝（源実朝）。北条时政自称政所别当，开创了执权政治（執権政治）。

执权政治时期就是在镰仓幕府时期，由北条氏担任执权，掌控幕府政权的一段时期。

1205年，北条时政之子北条义时（北条義時）成为第二代执权，1213年，侍所别当和田义盛（和田義盛）在其与北条义时的斗争中败亡，北条义时兼任侍所别当，这样一来，侍所及政所均被北条氏把持，执权的权力越来越大。

1219年，源实朝及源赖家的儿子均被暗杀，源氏的正统血脉至此断绝。幕府从京都的摄关家邀请了九条赖经（九条頼経）任"镰仓殿"①。九条赖经名义上是幕府最高统领，但幕府被源赖朝的遗孀北条政子（北条政子）控制。北条政子是北条义时异母姐姐，姐弟二人同时执政，将幕府权力实际掌控在北条氏手中。

1221年，后鸟羽上皇发动承久之乱，讨幕行动失败，幕府大获全胜，势力进一步增强。后鸟羽上皇的儿子，包括顺德上皇（順徳上皇）在内均被流放；幕府扶持后鸟羽上皇的兄长之子即位，称为后堀河天皇（後堀河天皇）。后堀河天皇的父亲虽然没有成为天皇，但仍然被幕府遵奉为上皇，开

---

① 九条赖经也叫藤原赖经，其父亲是继承了藤原氏摄关家的九条道家，母亲来自西园寺氏。九条赖经一开始只是"镰仓殿"，即镰仓幕府最高长官，7年后才被封为"征夷大将军"，又称"摄家将军""藤原将军""公卿将军"。

始了后高倉院政(後高倉院政);北条泰时(北条泰時)、北条时房(北条時房)在战后领兵驻扎于京都附近的六波罗,设立了"六波罗探题",负责京都的安全防卫,对朝廷进行监视,以及处理西国各种政务。

承久之乱以后,幕府走入稳定期。

1225年,北条政子去世,北条义时之子北条泰时成为第三代执权,设置了连署(連署)一职。连署的主要职责是辅佐执权,并在公文上与执权联合署名。第一位担任连署的是北条时房,之后的连署也均从北条氏中任命。此外还设置了"评定众",负责讨论重要的政务和宣布审判结果,尝试将独裁政治转变为合议政治。

1232年,北条泰时为了建立公平的裁判制度,参考《养老律令》并依据过往的司法实践,制定了第一部武家法典——《御成败式目》(『御成敗式目』)。这部武家法典共51条[1],是司法机构审理案件时的法律依据,也是日本首个武家基本法度。后来的武家法度及各国分国法也大多依据这部法典制定。

至此,北条泰时的执权政治迎来全盛时期。

▶▶▶ 得宗专制

北条氏原本只是镰仓幕府将军的御家人,将军与之是主仆关系。源氏嫡系由于血脉断绝,不得不迎接了摄家将军、宫将军[2]入主将军府,成为傀儡,幕府的实际主宰者就成为评定众,而北条氏一族的执权,只是评定众的最高统领而已。但是,北条氏逐渐将其他家族的御家人排除在外,让北条氏的族人及家臣独占了评定众的职位,掌握了实权。

1246年,北条时赖(北条時賴)成为执权,至此,除执权、连署由北条氏最高权力者担任之外,评定众等幕府重要官职也由北条氏嫡系及其亲信担任。北条氏嫡系家主(或称家督)被称为"得宗"(得宗),这种政治体制就被叫作"得宗专制政治"。得宗专制实际上就是北条氏一族的世袭专制。

---

[1] 最初制定的时候只有35条,后来经过增补,现存51条。
[2] 即幕府邀请天皇的皇子担任幕府将军。现在也称作"皇族将军""亲王将军"。

此时，第四代将军九条赖经已被废黜，由其子九条赖嗣（九条 頼嗣）①接任将军之位，北条氏中出现反对北条时赖的声音。北条时赖以此为借口将九条赖经遣送回京都，并在1247年剿灭了支持九条赖经的御家人三浦氏。北条时赖的独裁体制得到确立。

1252年，北条时赖又将九条赖嗣废黜，迎接后嵯峨上皇的皇子宗尊亲王为将军。继摄关家将军之后，幕府又出现了"宫将军"。将军的权力彻底被架空，成为北条氏的傀儡。

在驱逐九条赖经的同时，幕府势力又将京都权倾一时的九条道家推翻，并以此为契机，加强了对朝廷内部政治、人事的干涉，最后终于掌握了"治天之君"的选定权，不仅可以挑选天皇的人选，甚至可以决定拥有实权的上皇由谁担任。

1268年，北条氏家主北条时宗（北条 時宗）成为执权。

北条时赖、北条时宗时期的得宗专制，是建立在与朝廷、其他贵族、寺社势力相对抗的基础上的，所以一开始对御家人采取了保护政策，因此得到御家人的支持和拥护。

由于评定众等重要职位的选拔全部都在北条氏内部进行，北条氏家族的内部集会就成了选定评定众的重要集会，实质上替代了政治审议机关的功能，作为家族首领的得宗甚至比幕府的执权更加重要。北条时宗时期，由于要对抗元军，幕府权力集中到得宗手里。

北条氏家族逐渐壮大的同时，其家臣也鸡犬升天，逐渐取得了重要的政治地位，被称为"御内人"（御内人）。前面提到过御家人的概念，御家人是与将军之间有"恩庇—侍奉"关系的武士，许多御家人也成为北条得宗家的家臣，兼任御内人。而御内人以外的御家人就被称为"外样御家人"（外様御家人）。

御内人的首领叫作内管领，手中握有仅次于执权、连署的巨大权力。

1284年，北条时宗去世，其子北条贞时（北条 貞時）继任执权。御家人安达泰盛（安達泰盛）与内管领平赖纲（平 頼綱）之间爆发了"霜月骚动"。

安达氏原本是幕府设立之初的有功之臣，北条时宗在任时一直担任要

---

① 九条赖嗣来自藤原氏摄关家。

职,大力支持外样御家人,与御内人之间一直矛盾不断,但在北条时宗的调停下两者一直相安无事。北条时宗一去世,安达泰盛作为北条贞时的外祖父,呼吁实行"弘安德政",倡导颁布新法令《新御式目》,着手改革幕府政治。这个新法令试图重建御家人制度,触及了御内人集团的利益。

1285年,平赖纲向北条贞时诬告安达泰盛之子谋反,安达泰盛父子被处死,北条贞时出兵讨伐常陆、信浓、三河、美作、因幡、筑前等地的安达氏。安达氏被灭族,以平赖纲为代表的御内人权力继续扩大,在幕府中处于绝对优势。这次事件,是镰仓幕府御家人体系走向崩溃的起点,此后,内管领开始左右幕府政权,得宗专制得以巩固。

为了防御元朝的进攻,安达泰盛原本在九州设立了镇西谈议所,用来评定御家人的功绩并论功行赏。1293年,平赖纲将其改为"镇西探题",任用了御内人,加强了对西国庄园、公领的控制,对御家人的恩赏反而极尽克扣。从此,包括畿内、九州等地在内,几乎全国的守护均由御内人担任。

同年,北条贞时处死了平赖纲,将政治实权从内管领手中收回,废除了合议制,重启了诉讼制,诉讼判决由他直接下达。刚开始,御家人对此大加赞赏,但不久便对北条贞时的独裁心生不满。

经济方面,由于货币经济的发展,御家人的境况愈发窘迫,逐渐失去了领地,元日战争时期,为了负担军费,更是被逼入绝境,许多御家人不得不变卖或抵押了部分领地。1297年,幕府颁布德政令,禁止御家人变卖或抵押名下的领地,已经变卖或抵押的立即无偿收回。这条法令虽然解决了部分潦倒的御家人的燃眉之急,却限制了御家人对其领地的处置权,实际上是强化得宗专制的一种手段。

这一系列措施表面看似是为了保护御家人,实际上却加强了对御家人的控制,因而加剧了御家人对得宗专制的反抗,动摇了幕府统治的根本。

▶▶▶ 两个皇统

幕府对天皇皇位继承的干涉,导致了其与两大皇统之间的对立。天皇皇位的继承在后嵯峨天皇之后形成了对立的两大系统:大觉寺统和持明院统。双方围绕天皇位争执不休,最终决定由幕府来裁决。幕府表示天皇位应由两边轮流继任,同时对朝廷提出了"德政"改革的政治要求。朝廷重组了政治机构、实行了一些改革措施,却将与幕府的对立推上了台面。

大觉寺统的后醍醐天皇极力促进倒幕计划。两次计划破产,后醍醐天皇被流放到隐岐。然而,各地倒幕势力不断举兵,1233 年,足利尊氏(足利尊氏)终于攻下六波罗探题,新田义贞(新田義貞)攻陷镰仓,北条氏从此灭亡。

▶▶▶ 元日战争

镰仓幕府时期还有一段重大历史,就是与中国元朝的战争。元朝皇帝忽必烈与属国高丽两次派军攻打日本,这场战争在中国历史上被称为"元日战争",在日本历史上被称为"蒙古袭来"。

1268 年,忽必烈从高丽派遣使者赴日本,希望与日本"通好",让日本朝贡。北条时宗不打算答应蒙古的要求,将使者遣送回国,也没有回复国书。蒙古改国号为元(1271 年)之后,又两次递送了国书,幕府均没有回应。但是,幕府对元军的动向十分警惕,暗中在西国加强防御工事。

1274 年,元朝联合高丽派出 900 艘战船、3 万海军进攻九州北部,一度攻陷博多港。后来由于后援不足,又在海上遭遇风暴袭击,损失过大,只好撤退。时值文永十一年,史称"文永之役"。

文永之役后,镰仓幕府为了防范元军,西起今津,东至香椎,沿博多湾海岸修造了平均高约 2 米、长达 20 千米的石垒,即所谓"元寇防垒"。

1281 年,弘安四年,元朝再次派兵袭击了九州北部。此时元朝已经灭了南宋,兵力大增,派出了约 4 500 艘战舰、近 14 万军队,并在江南屯田,保障军需。在这次战争中,上述防垒发挥了重要作用,阻止元军登陆,使其徘徊海上长达一月之久。战役在志贺岛、壹岐岛、鹰岛近海等地展开。后来,元军两次遭到台风袭击,持续好几天的风暴最终击退了元军,为幕府赢得了胜利。这一年的战争被称为"弘安之役"。

在这两次元日战争中,史学界认为幕府军取得胜利的关键是台风,前后三场风暴也被谑称为"神风";也有一种观点认为,元军失败的原因是其选用的战船不适合海上航行。

镰仓幕府方面也做了相当大的努力。这个时期，幕府直接承担国家防卫的工作，在九州沿海修筑了御敌工事，强化了对西国的统治；在是否回复元朝国书这一问题上，幕府表现出强硬的态度，原本还掌握在朝廷手中的外交权也被幕府夺去。

幕府势力还渗透到了朝廷政治的核心。在第一次元日战争之前，朝廷还控制着一部分土地，但是文永之役期间，出于战备需要，朝廷被迫承认了幕府对这一部分土地的支配权，幕府可以在这些领地范围内调遣兵士，囤积军粮。

▶▶▶ 镰仓幕府的性质

镰仓幕府并未推翻大和朝廷，它是以旧国家体制作为基础而存在的。而且，幕府并未将所有的武士都收编入御家人体系，允许许多体系外的武士存在。御家人在其所领的庄园也不具有完全的人事任免权。在御家人的庄园中有一部分地头是由幕府直接任免的，而一般的庄园管理者则多由御家人本所或领家任免。

源赖朝的统治和政权一直都依赖大和朝廷的承认，比如通过《十月宣旨》取得东国的统治权。举兵后的三年时间内成立的相对独立的"国"，都得到了大和朝廷的默许，所谓的"诸国守护"，其实就是管理国家军队、警察的人。

镰仓幕府的经济基础是"关东御领"①和关东"知行国"，统领幕府的世家实际上与一般的豪门贵族并没有什么不同。幕府机关"政所"和一般豪门处理家族事务的机构也不相上下。从这两点上来看，镰仓幕府其实就是处于权力顶峰的权贵豪门。

镰仓幕府无法干涉地方领主的领主权。幕府权力与地方领主权力具有一定的独立性，因此在主从关系上表现得比较松散。幕府虽然可以重新确认御家人的领地，也可以赐予其新的领地，但是，御家人对将军的义务主要体现在军事方面，而不是经济方面，经济上的义务只是临时性的、辅助性的。

---

① "关东御领"实际上就是将军直辖庄园。

幕府统领的御家人，并不只是关东御领的武士，而是从全国范围内征召组织起来的武士，超越了庄园的框架。幕府将其统领的御家人任命为守护或地头，这些御家人为将军分担了诸国守护的责任。这样一来，原本由权贵豪族组成的幕府，实际承担了国家军事机关的职能，获得完全超越普通豪族的权力。

幕府通过派遣御家人担任各国守护一职，逐渐控制了传统的地方行政机构"国衙"。朝廷慢慢将国衙控制权交给幕府，幕府通过守护吸收国衙的传统职能。在东国，幕府经过3年的经营让这种现象尤为明显，东国地区的国衙甚至连裁判权这种高级权力也逐渐让渡给了幕府。

总之，镰仓幕府的基本性质就是经大和朝廷许可的权贵政权。不过在承久之乱后，幕府逐渐开始夺取朝廷的权力，到得宗专制时期甚至掌握了挑选"治天之君"的决定权，对朝廷事务的干涉也十分明显。加上御家人作为各国守护对各地领主的权力不断蚕食鲸吞，幕府朝着集权化的方向发展。

09 承久之乱

承久之乱发生在1221年,即承久三年,是日本历史上朝廷与武家政权之间的第一次内乱。

▶▶▶ 起因

1202年,把控了朝廷大权的源通亲(源通親 みちちか)去世,后鸟羽上皇趁机掌握了政治实权。幕府方面,幕府将军源赖朝去世之后,源赖家成为第二代将军。但是1202年,北条时政废黜了源赖家,拥立源赖家的弟弟为新的"镰仓殿"。新镰仓殿本名源千幡,后鸟羽上皇为了推行公武融合政策,重新赐名源实朝,并任命其为第三代幕府将军。第二年,又将院近臣坊门信清(坊門信清 ぼうもんのぶきよ)之女嫁与他做将军夫人,进一步改善了公武两家的关系。

但是,后鸟羽上皇试图通过源实朝要求幕府停止对个别地头的任命,幕府中实际掌权的北条氏一族出于保护御家人的立场,拒绝了这个要求。后鸟羽上皇与源实朝之间的关系出现裂痕。

1219年,源实朝遭到暗杀,后鸟羽上皇欲与幕府保持友好关系的愿望彻底破灭,他迅速放弃了公武融合的举措,决心讨伐幕府。

幕府方面曾向后鸟羽上皇提出,希望邀请上皇的某一位皇子担任镰仓殿。随着上皇与幕府之间的关系急转直下,上皇拒绝了这个提议,并趁机要求幕府撤销几个宠臣名下领地和庄园的地头。

幕府派遣北条时房到京都进行协调,拒绝了上皇撤销地头的要求,并继续请求朝廷委派宫将军到幕府。后鸟羽上皇被逼无奈,只能表示,自己的皇子不能去镰仓,除此以外,幕府可以任意挑选其他家族的子弟。

最后,左大臣九条道家2岁的儿子九条赖经被选中,成了新的镰仓殿。

后鸟羽上皇虽然表面对此默许,但实则不满,愈发加紧了讨伐幕府的准备工作。

▶▶▶ 经过

1221年4月,顺德天皇为了协助父亲后鸟羽上皇的讨幕行动,将天皇位让给了仲恭天皇(仲恭天皇)。5月,顺德上皇在畿内集结兵力,逮捕了镰仓殿九条赖经的外祖父西园寺公经(西園寺公経),讨伐了由幕府任命的京都守护伊贺光季(伊賀光季),并发出了追讨北条义时的院宣。院宣一出,在东国武士中引起了极大的震动。

镰仓方面,幕府实权控制在源赖朝遗孀北条政子和其弟北条义时手中。

北条政子与源赖朝结识于伊豆。平治之乱后,源赖朝被流放到伊豆,北条时政负责监视其言行。不久北条政子与源赖朝发展为恋爱关系,虽然北条时政坚决反对,甚至欲将北条政子嫁与他人,但最终拗不过女儿,只好协助源赖朝扩大了势力,成了源赖朝最忠实的盟友。经过数年的征战后,源赖朝被任命为征夷大将军,北条政子也成为将军夫人,掌握了极大的权力。

源赖朝去世之后,其子相继被暗杀,源氏已经没有直系血脉可以继承幕府将军之位。北条政子为了延续武家政权,从京都摄关家迎接了2岁的九条赖经作为傀儡,自己则实际控制了幕府大权,被称为"尼将军"。

北条政子在当时颇得幕府上下的信任。追讨北条义时的院宣传到镰仓,动摇了军心。北条政子果断聚集了一众家臣,发表了慷慨激昂的演说,搬出已经过世的源赖朝对御家人的恩情,甚至使用了"恩比山高似海深"的句子,牵头制定出攻打京都的强硬对策,鼓舞了士气。同时,集结了远江以东15国的兵力,近19万大军,分东海道、东山道、北陆道三路,进攻京都。

东海道幕府大军由北条泰时、北条时房率领,东山道幕府大军由武田信光(武田信光)、小笠原长清(小笠原長清)统率。北陆道大军由北条朝时(北条朝時)、结城朝广(結城朝広)统领。

上皇阵营中,宫崎定范(宮崎定範)、糟屋有久(糟屋有久)北上砺波山阻击北陆道大军。大内惟信(大内惟信)、藤原秀康(藤原秀康)奉命在美浓、尾张地区的尾张川布防,迎击东海道、东山道大军。由于战线较长、军士不足,在每个据点投入的兵力不多。很快,大井户和墨俣两地先后破防,京都大乱。

后鸟羽上皇亲自领兵登上比睿山,希望延历寺能派出僧兵相助。但是,由于上皇曾采取过压制寺社的政策,比睿山方面拒绝了出兵要求。

不得已,上皇方面将所有兵力集中到宇治川,连许多公家的文臣也担任了指挥将领,最终却没能扭转颓败之势。

在这次动乱中,幕府方面通过各国守护,组织起御家人扩张兵力,在北条泰时、北条时房等人的统一指挥下,进退有度。

反观上皇方面,内乱之初产生误判,盲目相信院宣的影响力,误以为北条义时的政权已在镰仓被推翻,并未在军事上做好准备。后来虽然召集了除九州以外的大部分西国守护,但是未建立起统一的指挥系统,缺乏懂战术、谋略的将领,也没有充分动员各国的御家人,甚至连寺社势力也没有充分动员。

至此,后鸟羽上皇发动的这次讨幕行动历经一个月左右的时间,以失败告终。

▶▶▶ 结果

承久之乱后,幕府对后鸟羽上皇方面的处置十分严酷。后藤基清(後藤基清)等参战的御家人、一条信能(一条信能)等讨幕行动的谋划者均被斩首。仲恭天皇被废黜,后鸟羽上皇、顺德上皇、土御门上皇(土御門上皇)均被流放。

后鸟羽上皇方面的3 000多处领地均被没收,重新设置了地头,作为战利品赏赐给幕府方面的有功之臣。从此,一大批东国武士开始迁移到西国。一直以来在西国相对较弱的武家势力也开始发展起来了。幕府势力开始行使原来由院厅行使的职能和权力,例如,调解大贵族、大寺社与武士之间的矛盾,对寺社势力的反抗进行镇压。

后鸟羽上皇的败北,极大地冲击了大贵族阶层,日本国内开始产生了一种思想,认为天皇也需要以德服人,幕府讨伐无道之君也是无可奈何的事。当然,此次内乱中,幕府废黜"治天之君"只是临时措施。北条时赖上台后,幕府才真正掌握了挑选"治天之君"的权力。

10 南北朝动乱

镰仓幕府末期,武士地位下降,足利尊氏对此充满担忧,拥立光明天皇(光明天皇),建立了室町幕府。后醍醐天皇(後醍醐天皇)为了对抗足利尊氏,从京都迁出到奈良的吉野,开创了南朝。从此,京都的北朝和吉野的南朝均声称自己为正统,形成对峙局面。上至公家大臣,下至各地的武士,甚至寺社势力也划分阵营,掀起了蔓延全日本的内乱。

南北朝时期指的就是1336年至1392年之间,两个朝廷分立的大约56年的历史阶段。

1333年,后醍醐天皇掌握政治实权,开始了短短两年半左右的建武新政。部分历史学家将这段时期划入南北朝时期。

▶▶▶ 乱象迭起的时代

两统迭立

两统迭立是日本镰仓时期到南北朝时期的政治现象,发生在后嵯峨上皇的两位皇子——后深草天皇(後深草天皇)和龟山天皇(亀山天皇)两个天皇及其子孙之间。

后深草天皇即位后一直没有子嗣。1259年,后嵯峨上皇逼其退位,继立七皇子为龟山天皇。尽管几年后后深草天皇诞下皇子,后嵯峨上皇仍然将龟山天皇的皇子立为皇太子。这个举动表明后嵯峨上皇在两个皇子之间选定了龟山天皇一脉为继任者,但是,这个意图并没有形成明确的诏书,没有书面的凭证。后嵯峨上皇去世后,遗诏除了涉及财产分配外,还要求依照镰仓幕府的意向来指定天皇位后继者。后深草天皇认为应该由自己的皇子继任天皇位,与龟山天皇一脉争执不下,于是,天皇家分裂为两

个皇统，后深草天皇一脉的皇子形成了"持明院统"（持明院統^{じみょういんとう}）①，龟山天皇后裔形成了"大觉寺统"（大覚寺統^{だいかくじとう}）②。幕府最后决定由两方的皇子轮流担任天皇位。

这一时期的皇位更迭就被称为"两统迭立"。

元弘之乱

镰仓时代末期，幕府殿作为征夷大将军已经完全失去了政治权力，取而代之的是北条家的执事长崎氏。

两次元日战争后，政局动荡不安，灾荒频发，遍地饿殍，幕府却不能拿出行之有效的对策。对镰仓幕府大感失望的武士们，以赤松则村（赤松則村^{あかまつのりむら}）、楠木正成（楠木正成^{くすのきまさしげ}）为首，结成所谓的"恶党"，即倒幕势力，横行全国。镰仓幕府渐渐对武士失去控制力。

朝廷方面，两统迭立的方式分裂了皇室，使皇室内部的矛盾日益尖锐。

元弘之乱推翻了镰仓幕府，其核心人物是大觉寺统的后醍醐天皇。

后醍醐天皇1318年即位，1321年后宇多法皇停止了院政，后醍醐天皇开始亲政，他也是日本历史上少有的30岁即位并能实行亲政的天皇。

由于幕府对天皇及其继任者拥有指定权，后醍醐天皇的皇子并不能继承天皇位，因此，后醍醐天皇对幕府产生了极大的不满。亲政后，后醍醐天皇对两个皇统对立的现状进行反思，立志铲除实际操纵两统的幕府。

1324年，后醍醐天皇的第一次倒幕计划败露，其近臣日野资朝（日野資朝^{すけとも}）及其党羽被六波罗探题处死，持明院统的皇子被指定为皇太子。后醍醐天皇虽然逃过一劫，但让位的压力与日俱增，这使他更加坚定了倒幕的决心，斗志昂扬，甚至主动争取到寺社势力的支持。

1331年，由于近臣告密，第二次倒幕计划同样败露。后醍醐天皇逃出京都，携带三大神器起兵，以笠置山为据点对抗幕府。但是，由于兵力悬殊，很快战败被俘。这次事件发生在元弘元年，被称为"元弘之乱"（元弘の乱^{げんこう}）。

---

① 持明院是后嵯峨天皇与后深草天皇让位后均居住过的府邸，后来被伏见天皇（伏見^{ふしみ}天皇）继承，这一脉由此取名"持明院统"。

② 后宇多天皇（後宇多天皇^{ごうだ}）重建了大觉寺，出家后居住在此，展开院政，于是这一脉称为"大觉寺统"。

这次事件后,后醍醐天皇被废黜并流放到隐岐岛,但是其皇子护良亲王及近臣联合楠木正成等各方倒幕势力继续活动。两年后,1333年(元弘三年),后醍醐天皇借助名和氏的力量从隐岐岛逃出,并在船上起兵。他拉拢了幕府派来平叛的足利尊氏,一同攻打六波罗探题。在新田义贞攻陷镰仓幕府、歼灭北条氏之后,后醍醐天皇归京,重新登上天皇位。

元弘之乱也泛指1331年至1333年,后醍醐天皇的一系列倒幕行动。

建武新政与频发的动乱

重新登上天皇位以后,后醍醐天皇终于真正实现了亲政。他将自己被流放期间由幕府操纵的一切人事安排全部推翻,开启以天皇为中心的"建武新政"。

军事方面,护良亲王为了牵制武家出生的足利尊氏,请旨出兵奈良,被任命为征夷大将军。随后足利尊氏被任命为镇守府将军。不久,护良亲王遭到后醍醐天皇的猜忌,被剥夺了将军职,流放到镰仓。

土地政策方面,一开始颁布了一系列与土地所有权相关的法令,规定只有天皇才能重新审定土地所有权的归属。这样一来,所有要求裁定的土地申请者都集中到京都来,天皇根本无法处理这么庞大的积案。这些法令刚刚实行一个月即被推翻。

行政方面,陆续设立了"记录所""恩赏方""杂诉决断所"等机构,负责日本国内从关东地区到东北地区的地方事务,还颁布了发行新货币的诏书。但是,各个所领的审定与裁决、恩赏物资的分配等问题接踵而至,新设机构由于权限冲突引发了极大的混乱。

后醍醐天皇还颁布了"德政令""官社解放令"等,试图将寺社势力也置于天皇的支配之下。

这次新政不仅没有得到广大武士的支持,连朝中众臣也冷眼旁观、态度消极,最终以失败告终。

建武新政失败原因有许多,总结起来大约有以下几个:

(1)后醍醐天皇进行新政改革的首要政治目标就是建立以天皇为中心的政治体制。但是,武家政权已经渗透到经济社会的方方面面,改革的快速推进,触动了武士阶层对土地的支配权。

（2）建武新政最先面临的问题就是如何论功行赏、安抚倒幕运动的有功之臣。这些功劳大部分集中在武士身上，但是封赏十分不公。足利尊氏、新田义贞、楠木正成等得到了丰厚的赏赐，而赤松则村等武士被撤销了守护之职。

（3）由于政令的混乱，许多对土地所有权的裁决无视地方实情与惯例。由于新机构的权限冲突，新的领地上突然出现几个领主，以至于不得不重新进行裁决，使得朝廷威严尽失。

（4）无法满足武士的要求。在对护良亲王的态度上，也有人认为后醍醐天皇是忌惮其功高震主。护良亲王被剥夺将军职后朝廷放松了对足利尊氏的牵制，最终足利尊氏走到了朝廷的对立面。

1335年，北条时行在信浓举兵，攻占了镰仓。足利尊氏向后醍醐天皇索封征夷大将军与总追捕使头衔，却被拒绝。后醍醐天皇将征夷大将军的头衔赐予了成良亲王，仅封足利尊氏为征东将军。足利尊氏在未得天皇敕令的情况下私自率兵东征，打败北条氏之后，盘踞镰仓不肯回京。后醍醐天皇派出新田义贞讨伐足利尊氏，新田军却在箱根-竹下之役中落败。

1336年，足利尊氏带兵入京。后醍醐天皇逃往比睿山。随后，奥州的北畠显家（北畠　顕家）西上驰援，与新田义贞联合，一度将足利军赶往九州。但是5月，足利尊氏在凑川大败楠木正成，再次入京，从后醍醐天皇手中收缴了三大神器，拥立持明院统的光明天皇即位。

后醍醐天皇逃离京都之后，集结了一部分公家大臣，重新在奈良的吉野建立政权，同时宣称交给足利尊氏的三大神器是赝品，自己才是正统的天皇。至此，建武新政历时两年半宣告失败。吉野的朝廷和京都的朝廷形成对峙之势，日本进入南北朝时期。

动乱长期化

如果说建武新政拉开了南北朝时期的序幕，那么1336年到1392年持续了56年的长期动乱就是南北朝时期的实态。动乱及对抗分为三段时期。

第一段时期(1336—1348年)：吉野南朝的兴亡。

这段时期，吉野南朝持续进行武装抵抗。1343年，北畠亲房（北畠　親房）在东国经营的据点、常陆的关口要塞大宝城陷落，1348年，南朝军事统领之一的楠木正行（楠木　正行）战死，后村上天皇（後村上天皇）从吉野迁往贺名生，南朝的势力基本没落。

第二段时期(1348—1368年)：内乱激化。

这一段时期，内乱始于足利尊氏和足利直义(足利直義(ただよし))的兄弟之争，加上新兴武士集团渴望通过实力冲破旧体制的束缚，高师直(高師直(こうのもろなお))等人采取了激进手段进行改革，加深了幕府统治中枢的内部矛盾，最终导致了"观应扰乱"(観応の擾乱(かんのうじょうらん))①。足利直义势力覆灭，日渐弱化的南朝势力卷土重来，武家势力四分五裂，天下三分的局面初露端倪。在应付观应扰乱的过程中，幕府建立起管领制，促进了幕府权利的一元化。

第三段时期(1368—1392年)：室町幕府形成与南北朝统一。

1368年，足利义满(足利義満(あしかがよしみつ))就任幕府将军一职。足利义满年幼时，一直依赖重臣细川赖之(細川頼之(ほそかわよりゆき))的辅佐。但是，细川赖之与足利家的斯波义将(斯波義将(しばよしまさ))等人不睦，1379年失势，幕府内部的分裂程度加深。足利义满通过讨伐土岐、山名等守护，终于将幕府势力统合到一起，实现了幕府的中央集权，最终统一了南北朝。

▶▶▶ 权力结构的变化

随着南北朝内乱的发生，政治权力和统治结构也发生着巨大的变化。公家政权在镰仓时期还保持着相当大的政治实力，但进入南北朝时期后迅速衰落。北朝表面看就是足利将军的傀儡，虽然也竭力保全庄园、公领等权力的基石，但是由于京都被幕府全盘掌控，各国国衙的权限也被守护慢慢接管，朝廷也渐渐无能为力。

而地方上守护的职权越来越大，除了传统的对重刑犯的审判与处置、地方军事指挥权之外，还渐渐掌握了裁判民事纠纷、收纳贡品等权力，逐渐成为守护大名。

幕府也通过这些守护大名将全国的武士统合起来。原本只有朝廷才有权处置的公家、寺社等的内部纠纷，京都的治安、伊势神宫的修建、全国性赋

---

① 观应扰乱是发生在日本南北朝时期北朝室町幕府的一次内部斗争。足利尊氏在这次斗争中消灭了足利直义。

课税等事务,也慢慢交由幕府处理。镰仓时期存在的公武两家权力分立、各司其职的政治现象被根本改变,强调封建主从关系的武家独立政权取得了压倒性胜利。

▶▶▶ 社会经济的变动

在经济层面上,庄园公领制进一步解体。

庄园公领制曾是公家、寺社等旧势力的经济基础。特别是皇室、摄关家,掌握的基本都是公家、寺社的二重寄进庄园,并不直接管理。一旦失去了权势,获得的年贡收入便会急剧减少。再加上地方上,国人领主权限越来越大,他们为了笼络农民,强力推进了年贡杂公事减免运动,也使上层对庄园的支配权越来越难维持。

尤其是在观应扰乱之后,幕府推行了"半济法"。这是为了筹集军粮而推行的一种纳贡制度,幕府把寺社、公家的庄园和国衙领地年贡的一半按惯例交给庄园领主,而另一半授予武士,故称"半济"。半济一开始只在军事要地近江、美浓、尾张三地实行,这几个地方就成了重要的军粮囤积地。后来推行范围越来越大,这些领地半数成了武家领地。

原来各国的公领,也逐渐被权力扩大的守护接收,几乎成了守护的领地。幕府虽然没有从根本上推翻庄园公领的支配体系,守护也只掌握领地支配权,但是原来的领主已经彻底失去了对领地的实际支配权,仅仅承担年贡而已。

南北朝时期,由于农业生产力的极大提高,村落结构发生了显著的变化。特别是在以畿内为中心的发达地区,施肥量增加,品种多样化,水利条件改善,水稻产量提高,农田的利用率也提高了。在这样的背景下,小规模农业经济的安定度提高,富农向下层农民收取的"加地子"也越来越多,富农开始向地主的方向转化。旧有的村落逐渐形成了自治性、地缘性的村落自治结合组织——"惣"。惣型村落自治体为了在内乱中自卫,不仅建立了武装力量,有的还在村落周边挖建壕沟,作为水利与防卫设施,这样的村落叫作环濠集落。

农业生产力的提高,还促进了苎麻、棉花等经济作物的种植,竹帘、草席、油、挂面等农副产品的生产和流通日渐扩大，社会分工与货币流通较镰仓时期有显著发展。

可以说，货币作为流通手段在南北朝时期得到普及。

▶▶▶ 南北朝正闰论

就像中国史学界出现过围绕魏晋南北朝时期正闰问题的争论一样，日本史学界围绕南北朝时期究竟哪个天皇才是正统，也掀起过争论的风波。刚开始，日本明治维新之后的小学教科书《小学日本史》一律采用两个天皇并立的说法，但是 1911 年，这个说法在帝国议会中受到指责，争论的结果是文部省对教科书编修官喜田贞吉进行了停职处分，在教科书中也不再使用"南北朝时期"而改称"吉野朝时期"。可是宫内省历来视北朝为正统，因此桂内阁上奏明治天皇，明治天皇认为南朝持有三大神器，理应为天皇家正统，不过决定对北朝历代天皇的祭祀仍按惯例进行。这一系列做法是无视南北朝时期的客观事实的表现。在第二次世界大战前，对南北朝时期的历史记载重归客观。

11 室町幕府

室町幕府又叫足利幕府,是由足利氏一族执掌的武家政权。1378年,第3代将军足利义满在京都北小路室町建造官邸,并将其作为议政中心,室町幕府因此而得名。

成立时间

关于室町幕府的成立标志,历史上也有不同的说法。

一种说法认为室町幕府成立的标志是足利尊氏被任命为征夷大将军,时间是1338年;另一种更通行的说法是《建武式目》作为幕府的执政纲领被颁布,时间是1336年。同时有资料显示,幕府的主要政务机构引付方、侍所、政所、问注所等在1336年至1337年之间就开始运行了,也从侧面支持了后一种说法。

室町幕府的政权特征

地方政权

室町幕府成立之初,颁布了《建武式目》,明确表示要仿效镰仓幕府执权政治全盛时期的政治格局,不仅沿用了镰仓幕府时期的诸多政治机构和职位,也将镰仓幕府制定的《御成败式目》及追加条款尊为武家法度的范例。

第3代将军足利义满时期,镰仓幕府最重要的政治制度"评定-引付制度"逐渐形式化,室町幕府终于形成了独特的政治体系。幕府以将军为首,各个守护大名掌握幕府政治的主导权,逐步与公家政权相融合。

第6代将军足利义教(足利 義教 ashikagayoshinori)在沿袭足利义满施政举措的同时,开始重用"奉行人"(奉行人),试图恢复逐渐走下坡路的幕府权威和将军的独裁统治,但由于"嘉吉之乱"(嘉吉の乱)①的发生而中断。

第8代将军足利义政(足利義政)时期,由于守护的权力过大,各大守护之间产生权力倾轧,终于爆发了"应仁之乱"(応仁の乱)。

15世纪后半叶,室町幕府继续保持着武家政权的最高统治地位,支撑着各守护大名的实际权威,是与朝廷相抗衡的地方政权。

二头政治

室町幕府建立之初,实际的领导者是足利尊氏与足利直义两兄弟。足利尊氏作为征夷大将军,推翻了建武政权,建立起幕府新政权,也是室町幕府的第1代将军;而足利直义则发挥了卓越的政治才能,将室町幕府的权力机构组建起来。可以说,室町幕府的政治体制一开始便是二头政治。

室町幕府仿效镰仓幕府的做法,在各国设置了守护;又将足利尊氏的嫡子足利义诠(足利義詮)、庶长子竹若丸等人派往镰仓,建立了关东公方;在陆奥设立奥州探题,在出羽设羽州探题,在九州设九州探题。

各国守护在镰仓时代只是小小地方官,权力十分有限,但是到了室町幕府时期,守护加强了对辖下武士的军事指挥权,可以通过武力强制其执行幕府下达的命令,还通过半济、守护请、段钱赋课等途径将势力渗透到庄园,逐渐成为事实上的领主,称为守护大名;由守护大名控制和支配属下领地的体制,称为守护领国制。

1350年,足利兄弟的二头政治分崩离析,二人之间的矛盾最终导致了"观应扰乱"。

将军与守护大名

1368年,第3代将军足利义满就任。当时盘踞北陆的斯波氏与四国的细川氏已经形成了两大对立的势力集团,足利义满在这两个集团之间游走平衡。一开始,足利义满遵照父亲足利义诠的遗命,任命了细川赖之为管

---

① 嘉吉之乱指发生于嘉吉元年的一系列事件,例如,播磨守护赤松满佑暗杀第6代将军足利义教,并举兵叛乱。

领。1379年发生"康历政变",细川赖之倒台,足利义满便又任命了斯波义将为管领。不久,足利义满采取了纵容守护内斗的政策,很快便削弱了多个守护的力量。第4代将军足利义持(足利義持^(よしもち))为了牵制细川氏与赤松氏两大家族的势力,首次任用畠山氏为管领。

在关东方面,室町幕府建立以来一直设立在镰仓的关东公方显示出脱离京都、试图独立的动向。1416年,关东管领上杉氏一族在将军继任者的选择问题上产生内部矛盾,发生了"上杉禅秀之乱"。第5代将军足利义量(足利義量^(よしかず))无子早逝,其父第4代将军足利义持也无其他子嗣可以继承将军位,只能暂行代任。直到足利义持去世后,将军位的继承人仍然悬而未决。

幕府不能一直处于没有将军的状态,于是,管领畠山满家等幕府重臣联合醍醐寺高僧三宝院满济召开评议,决定在足利义满已经出家的几个儿子中以抽签的方式选出第6代将军。最后登上将军位的是足利义教。

足利义教渴望重振幕府威严,重启将军亲政,改变足利义持时期一直僵持沉寂的幕府氛围。他亲自挑选官员,任命其为"御前沙汰",建立协议机构,取代了"评定众""引付",规定守护大名可以不通过管领直接向将军禀报事务,从而极大地限制了管领的权力。在军事上,为了减少对守护大名的依赖,对直系官员"奉行众"进行整备和管理,为了控制地方守护大名,甚至介入了今川氏、小早川氏等家族的继承人纠纷。成为将军之后,足利义教迅速将天台座主的位置交到弟弟手中,试图控制天台势力。在外交上,足利义教恢复了勘合贸易,将与明朝的贸易权牢牢抓在手里,强化了幕府的权力。

一系列政策措施虽然让足利义教收拢了幕府权力,但是也使他与守护大名之间产生了诸多摩擦,尤其是在处理赤松氏一族的问题上引起赤松满佑(赤松満祐^(あかまつみつすけ))的强烈不满。1441年,足利义教受邀到赤松官邸赴宴,遭到暗杀,身亡。史称"嘉吉之乱"。

此后,相继继任的第7代将军足利义胜(足利義勝^(よしかつ))、第8代将军足利义政(足利義政^(よしまさ))都很年幼,于是,以守护大名为中心的合议制重新复活。

1457年,足利义政成年之后实行亲政,重新与守护大名展开权力斗争,最终导致"应仁之乱"。

▶▶▶ 应仁之乱

应仁之乱发生在 1467 年至 1477 年之间,持续了 11 年时间。在这场大乱中,细川胜元(細川勝元)和山名持丰(山名 持豊)①分别率领大军,各国大名分属两派,主战场在京都。也称"应仁—文明之乱"。

应仁之乱发生前的政局

室町幕府的基本构建,是以守护领国制为基础,各守护大名联合执政,同时将军也有奉行人、奉公众等独立的权力基础,可以和守护大名相抗衡。足利义满实行的亲政是将军权力的鼎盛时期,之后,幕府政权以三管领、四职家为中心,政务由守护大名组成重臣会议进行处理。

但是,嘉吉之乱过后,大名之间的权力平衡遭到破坏。1433 年,幕府管领斯波义淳(斯波 義淳)去世,足利义教干预各大家族的继承人选拔,诱发了各大家族内部纠纷,守护大名的家族势力被纷纷削弱;嘉吉之乱直接让赤松氏一族灭亡;1454 年,畠山氏内部也因为继承权发生内斗。有力量参与幕府政权实力的守护大名家族纷纷瓦解,重臣会议的机能逐渐削弱。

这时,将军生母日野重子(日野重子)、乳母今参局(今参局)等女性开始干预幕府政事,今参局被处死,并未担任守护一职的政所执事伊势贞亲(伊勢 貞親)、相国寺季琼真蕊(季瓊 真蘂)等近臣手握大权,幕府政权陷入混乱状态。

加上 1441 年以来,数次发生"德政一揆",作为幕府经济基石的土仓②、酒屋③经济遭受严重打击。地方上,各领地也纷纷脱离幕府掌控,互相之间纷争不断。

在这样的大背景下,只有山名氏与细川氏两个家族屹立不倒,尚有实力争夺幕府的主导权。山名氏在嘉吉之乱后占领了赤松氏的领地,迅速成长

---

① 山名持丰又叫山名宗全,宗全是其出家后的法名。本书采用其出家前使用的名字。
② 土仓就是早期的金融业者。
③ 这个时期的酒屋,并非单纯的酿酒商,而是拥有巨额资本且业务涉及金融业、物流业、通信业的豪商。

为横跨山阳山阴七国的守护；而细川氏在畿内、四国、山阳分别占有 8 国，家族内部并未发生分裂，始终维持了原有的力量。这两大家族分享了濑户内海制海权，其首领分别是山名持丰和细川胜元。

德政一揆

"德政一揆"始于 1428 年，是日本古代民众斗争的最高形态，也是该时期民众斗争的主要形式。"一揆"原本是农民为反抗统治而联合发动的斗争。室町幕府时期"一揆"的主要诉求是合法取消高利贷债务关系。由于室町幕府掌握着高利贷的税收权，实际上充当了高利贷经营者的保护人，因此"一揆"的矛头转向幕府，要求幕府颁布德政令，因此称为"德政一揆"。"一揆"民众使用武力威胁、打砸破坏等暴力手段攻击高利贷经营者，还利用宗教对幕府的影响力，成功迫使室町幕府颁布德政令。这些行为不仅扰乱了室町社会的经济秩序，严重影响了幕府的财政收入，更冲击了幕府的权威及权力结构，撼动了室町幕府的统治根基，为室町幕府的解体埋下了伏笔。

应仁之乱的导火索

1449 年以来，畠山氏兼任山城守护，负责京都军事要务。1450 年，畠山持国将领地转让给儿子畠山义就（畠山義就はたけやまよしひろ），引起养子畠山政长（畠山政長まさなが）的不满。畠山政长依靠细川胜元，最终扳倒畠山义就，不仅继承了畠山氏家业，还继承了山城守护一职。畠山义就被幕府追讨，只能踏上逃亡之路，因此对畠山政长心怀敌意，伺机夺回畠山氏家主之位和山城守护一职。在这场畠山氏家族内讧中，足利义政在两人之间摇摆不定，给二人之间的对立火上浇油。细川胜元始终支持畠山政长；山名持丰一开始也追随细川胜元支持畠山政长，但是他很快便发现在与幕府军队抗争中孤军奋战的畠山义就拥有惊人的军事才能，于是逐渐站到支持畠山义就的一方。许多守护大名为了各自的利益，也纷纷集结到京都。

在将军家内部，第 8 代将军足利义政直到 29 岁仍然无子，便让已经出家的弟弟足利义视（足利義視よしみ）成为继承人，并宣称即便往后自己诞下后嗣，也让其出家，放弃将军位。然而次年，足利义政诞下长子足利义尚（足利義尚よしひさ）。长子生母希望自己的儿子可以继承将军位，暗中拉拢山名持丰，与足利义视对立；而足利义视背后的辅佐之臣是细川胜元，因此，这场将军位继承人之争就演变为山名持丰与细川胜元之争。御家人也逐渐分为对立的两派。

此外还有斯波义廉（斯波 義廉）与斯波义敏（斯波 義敏）的对立等，都让幕府的危局一触即发。

应仁之乱的经过

1466 年 9 月，足利义政接受伊势贞亲、季琼真蕊等的谏言命斯波家将家主之位由斯波义廉转给斯波义敏，这件事加上暗杀足利义视的计划，极大地刺激了各方阵营。支持斯波义廉的山名持丰和支持足利义视的细川胜元率领各自阵营的军队集结到京都，伊势贞亲、季琼真蕊逃亡到近江。此次事件又称为"文正政变"，显示着足利义政依靠近臣建立的政治体系几近崩溃，幕府已经变为细川胜元和山名持丰争夺权力的战场。

1466 年年底，山名持丰派遣畠山义就率先进驻京都，并迫使足利义政将越前、尾张、远江三地的守护职补偿给斯波义廉，1467 年 1 月，畠山义就夺回畠山氏家主之位。畠山政长被逼入绝境，带兵抗击畠山义就的军队，挑起了长达 11 年的战争。

畠山政长最终兵败如山倒，山名持丰彻底掌控了幕府政权。细川胜元趁着山名持丰沉浸在胜利的喜悦中麻痹大意之时，在地方展开反击，赤松政则（赤松 政則）在播磨、备前、美作三地牵制山名持丰的兵力，入侵山名持丰阵营中各大守护的领地，并于 5 月在幕府奉公众的协助下占领了将军官邸。至此，细川胜元一扫之前的颓势，自称东军，与山名持丰率领的西军展开对峙。

由于东军控制了将军，西军中各个大名纷纷被剥夺了守护之职，守护之职由东军填补。但是，西军大名凭借军事实力与新任守护相抗衡，战事呈现出长期化、胶着化的态势。

1467 年 5 月，京都发生了街巷战。东军包围了一色义直（一色 義直）的官邸，取得了暂时的胜利。但是同年秋，山名持丰与大内政弘（大内 政弘）的大军从西侧反攻，占据了将军官邸、相国寺等重要据点，将东军赶出了京都。

畠山义就占领了东寺至西冈地区,自称山城守护,控制洛南地区将近10年,直到战乱结束。据《应仁记》记载,东军有16万兵士,西军有11万,虽然这个说法略显夸张,但是各地的庄园、乡村都被动员了起来这是事实。两方以地方土豪为中心集结兵团,又在京都周边收募恶徒、暴徒等人补充兵力,这部分通过银钱集结的兵力被称为"佣兵"。到1468年,京都城外的主要寺社均受到战火波及。农民兵士在京都活动受到限制,而且无法长期驻扎,这些混乱大多是由佣兵集团造成的。佣兵集团被认为是应仁之乱爆发初期的主要战斗力。

3年后,战局中心向地方转移。1471年,越前守护朝仓孝景(朝倉孝景)回归幕府官复原职,东军的优势确立;1473年,两军的统帅山名持丰和细川胜元相继去世,其余首脑厌战;特别是守护大名山名政丰(山名政豊)归顺东军阵营之后,应仁之乱最初的细川氏、山名氏对立的局面被打破,战事焦点重新回到畠山政长与畠山义就之间的对峙上。

僵持的局面一直持续到1477年,畠山义就退走,同年11月,大内政弘、土岐成赖(土岐成頼)等人回到所领,以京都为中心的战乱才逐渐平息。大内政弘、土岐成赖虽然夺回了以前的守护职,但是畠山义就并未得到赦免,只能再通过武力夺取地盘。于是,畠山义就带兵攻击了河内的畠山政长。河内周边包括大和、南山城等地烽烟再起,畠山义就很快完全控制了河内、大和,1482年又入侵南山城。他的势力终于占据了宇治川以南的广大地区。

应仁之乱的结果

应仁之乱终结于1485年的山城国"一揆",可以说是畿内的农民、土豪的发展与壮大终结了这场毫无意义的守护大名之争。

在幕政方面,室町幕府的权力几乎龟缩到畿内范围,其实际的控制权仍然牢牢掌握在细川氏手中。在各大家族内部为了家督之位纷争四起的时候,细川氏一族却出奇地团结。无论时局有多混乱,家族中的中心人物一直都盘踞在京都。1493年,细川氏发动政变,强行废立幕府将军,并在暗杀了政敌畠山政长后完全控制了幕府,幕府的政事机构几乎变为细川氏的囊中之物。这标志着细川氏已经率先走上了成为战国大名的道路。从某种意义上说,这也可以说是战国时代的开端。

地方上，应仁之乱以后，庄园制的崩溃已成定局。以庄园制和在地领主制为基础的国家体制也终于解体。可以说，这是日本历史上一个重大的时代转折点。由于幕府的权威一落千丈，其能够实际支配的领域范围越来越小。各国大名依靠幕府的威势已经很难控制领国，只能依靠实力确保自己在领国的统治权。各国守护及各地豪强逐渐抬头，他们中有些人直接成了战国大名。战国时代拉开了序幕。

室町幕府的财政

室町幕府设置了被称为"幕府料所"或者"御料所"的直辖领地，由将军的直属大臣管理。只是这些机构与庄园没有实际的分别，数量有限，收入额也不大。甚至可以说，室町幕府最大的特征是将京都市区的工商业者纳入控制范围，以谋求经济利益，特别是向酒屋、土仓这一类商家征收大额的役钱，作为供应将军日常生活开销的有力财源。此外，与明朝之间的贸易也获利颇丰。由于没有预算制度，建造宫殿御所、举行大型佛事法事时，会征收特别的赋税，还会对各地守护征收人头税，称为"守护出钱"。

室町幕府的终结

应仁之乱以后，室町幕府权威尽失，全国战乱四起，进入战国时代。但是，直到第9代将军足利义尚时期，将军对守护大名的影响力还在，对部分守护还有一定的控制力。东山山庄——慈照寺的修建就可以证明这一点，在将军的命令下，许多守护赞助了修建费用。

也有些历史学家认为，室町幕府存续的意义应该从将军与守护的关系上来解读。1494年，细川政元将第10代将军足利义材（足利義材）[①]赶下台，拥立了傀儡将军足利义澄（足利義澄），就说明室町幕府已经灭亡了。

一般认为，1573年，第15代将军足利义昭（足利義昭）被赶出京都，标志着室町幕府的终结。

---

① 也叫足利义稙（足利義稙）。

12 战国大名登场

战国大名其实就是日本战国时期割据各地的首领。应仁之乱结束之后,室町幕府统治下的全国各地秩序大乱,中央权威尽失,曾经依靠幕府权威而存在的守护大名对领地的支配权也一落千丈。各地有实力的家臣纷纷从主家手中夺取实权,"下克上"(下克上)形成一股潮流。1493年,幕府管领细川政元主导的将军废立事件,成为战乱的开端和导火索。在这场旷日持久的内乱中,不少战国大名崭露头角,粉墨登场。

▶▶▶ 战国大名的来源

战国大名的来源主要有以下几种:

(1) 原来的守护大名,为应对新的社会动向,在领地进行改制,成为战国大名。例如,骏河的今川氏(今川氏)、甲斐的武田氏(武田氏)、能登的畠山氏(畠山氏)、近江的六角氏(六角氏)、萨摩的岛津氏(島津氏)等。

(2) 守护取代了主家的地位,成为战国大名。例如,越后的上杉氏(上杉氏)、越前的朝仓氏(朝倉氏)、备前的浦上氏(浦上氏)、阿波的三好氏(三好氏)、出云的尼子氏(尼子氏)等。

(3) 部分地方武士或武士家族在属地凭借军功崭露头角,取得将领或主导的地位,逐渐成为战国大名。例如,三河的德川家康(徳川家康)、尾张的织田信长(織田信長)、近江的浅井氏(浅井氏)、备前的宇喜多氏(宇喜多氏)、安芸的毛利元就(毛利元就)、土佐的长宗我部氏(長宗我部氏)。

(4) 一部分武士,从他国迁移到某地,凭借出色的能力,最终成为一方战国大名。其中最有代表性的就是统一了相模的北条早云(北条早雲)、窃取了美浓的齐藤道三(斎藤道三)。

战国大名一般由各国领主成长而来,但是,许多守护大名出身的武将也相继成为战国大名,说明在大名的权力之中,守护权占有极大的比重。

▶▶▶ 家格的破坏与"下克上"

室町幕府灭亡、战国大名登场的原因是武家社会秩序被破坏。从幕府方面来看,足利将军对实力的重视超过了对血缘关系的重视,导致了武家家格的混乱,武家社会中普遍存在的"下克上"现象也是原因之一。

足利一门秩序崩塌

众所周知,武家社会是一个十分严格的身份社会。武士阶层严格遵守官阶的等级和次序,这种社会秩序被称为"家格"。武士的家格观念在武士阶层刚刚形成的源平时代、镰仓时代并未真正形成。到了室町时代,以足利氏将军为首的武家社会形成了严格的家格秩序。

处于家格秩序顶端的是足利氏,隶属足利一门的武士,都拥有比其他武士更高的身份。他们被允许拥有自己的家族锦旗,遇到其他的武士不必下马,文书中被提到名字时后面要加尊称"殿"。就算是将军给大名下达的文书也不例外。由此可见,足利一门在室町时代实际拥有武家社会的最高地位。

在室町前期的足利一门不仅仅以京都将军足利氏为首,镰仓公方足利氏、奥州豪门斯波氏、九州涉川氏(渋川氏)等,都属于足利一门的武士,因此整个日本武家社会等同于足利的天下,其他家族的武士基本没有发展的空间。

但是到了15世纪后半叶,上杉氏、细川氏、畠山氏等,因成为将军的侧近,被赐予了足利一门的姓氏,于是他们脱离了普通武家,走向武家社会的权力顶峰。

由于这种对身份秩序的重视,武士随时都想要提升自己的"格",并同时打压周围的势力,不允许其他武士家族的家格提升。因此相互之间经常产生倾轧和争斗。

在持续了11年之久的"应仁—文明之乱"中,无论是细川阵营还是山名阵营,出于战争考虑,都破格任用了大批守护。这种任人唯贤的用人方式,得到足利将军的认可。在此后的人才任用中,幕府开始打破出身阶层及职阶的限制,提拔自己信任的亲信,赐予足利一门的姓氏,将其吸纳进幕府的权力中枢。后来甚至连赐姓的程序都被简化,足利一门与非足利一门的门槛被逐步打破。足利一门门槛的降低,让更多武士有了承担重任的机会。比如1546年任命的幕府管领六角氏,1559年任命的奥州探题伊达氏(伊達氏)、九州探题大友氏(大友氏)。

到了16世纪中叶,不少的武士开始彻底无视足利一门的家格,认为应该构建起不依赖将军上意的体制,希望通过自己的能力和武力,提升地位,号称要将武家的权力从足利秩序的"咒语"中解放出来。1555年,三好长庆(三好長慶)将今川义元(今川義元)赶到骏河,织田信长清洗石桥氏(石橋氏)、斯波氏。从驱逐排挤足利一门的其他武士开始,一直到1573年,织田信长把将军足利义昭也赶出了京都。

下克上

大批武士借由下克上称霸一方,继而成长为战国大名的。下克上指的是地位低下者凌驾于上位者之上,或者取而代之。这个术语最早出现在镰仓时代,也可以写作"下剋上"。在社会发生激烈变革的时期,新兴势力的抬头通常伴随着下克上的现象。在日本历史上,尤其是南北朝内乱时期到战国时期这种现象尤其明显。位阶低下的人通过政治或军事的手段,获得实权,凌驾于原本的统治者之上,武家控制公家,管领控制将军,守护代控制守护,都属于下克上的现象。

不过,在中世的武家社会,主君和家臣或者家臣集团之间更多表现为一种互相依存的关系。一般来说,成功夺权的人将主君的权力架空,视主君为傀儡,甚至可能拥立新的主君,这些都比较符合当时日本社会的君臣伦理。下克上的最终结果,并没有改变"上"与"下"的地位,即使主君被废黜,甚至被刺杀,主君之位仍然由主君家的嫡男来继承。位阶低下的人大多并未推翻或者否定上位者的权力,而是利用了这种权力来扩张自己的实力。

在这样的社会大潮中,真正典型的下克上的实例,就是盗取了美浓的齐藤道三。当然,最成功的是织田信长,而最后终结了这种现象的,便是借由下克上成为战国大名的德川家康。

▶▶▶ 战国大名与守护大名

战国大名与之前提到的守护大名最大的区别就在于,战国大名确立了对领地内土地和农民的支配权。具体说来,包括以下内容:由知行认定的所领权限全部被大名独占;为掌握整个领地的收益,大名施行检地,并根据收成向知行人摊派军役;知行人之间产生的纠纷依据仲裁机构和规则进行裁决,大名设立直臣团以暴力确保裁决的强制执行;等等。

战国大名的众多家臣,根据与主君主从关系的远近亲疏,又分为"谱代"(譜代)、"外样"(外様)、"国众"(国衆)等。许多身为国众的家臣,本身也控制了一定数量的土地资源,不在主君的检地范围内,不受主君控制。他们的义务是依据盟约关系履行的,因此具有相当大的不确定性,他们的立场随时局的变化摇摆不定,这也在一定程度上延长了战国内乱的时程。

不可否认的是,战国大名在主要领地内建设水利工程,开发矿产资源,规范市场及交通,掌握了前所未有的资源;为巩固领地,修建了大量的城池,组织了铁炮军队,使得军备力量的增强成为可能;通过检地加强对国民的控制,家臣也集中到大名城下居住,军农分离的条件逐渐成熟。

▶▶▶ 主要的战国大名

16世纪中叶开始出现的战国大名,最早有北条早云(北条早雲)、毛利元就(毛利元就)、武田信玄(武田信玄)、杉山谦信(上杉謙信)、齐藤道三(斎藤道三),1560年,织田信长在尾张桶狭间打败今川义元(今川義元)以后,实力逐步扩大,成为最有可能统一日本的大名。

13 丰臣秀吉统一天下

"天下"一词起源于中国的春秋末期,周朝衰败,社会陷于四分五裂的状态,民众期望有新的领导者实现统一社会的目标,于是创造出这个集地理、政治、文化概念为一体的词汇。

在日本的战国时期,织田信长所称的"天下",既指京都这一权力中心,也指日本全国。这并非是一个单纯的地域概念,而是包含以京都为中心的、代表传统秩序的社会领域。正因如此,统一"上洛"才成为统一天下的第一步。从这一点上来看,1568年,织田信长拥立足利义昭进入京都,意义非凡。因此,织田信长当可列入"天下人"之列。"本能寺之变"(本能寺の変)粉碎了织田信长统一天下的野心,统一天下的重担传递到丰臣秀吉(豊臣秀吉)肩上。

▶▶▶ 统一天下的第一步——登上权力顶峰

在织田信长时期,丰臣秀吉只是其麾下一名得力的武将,名字还叫羽柴秀吉(羽柴秀吉)。本能寺之变发生时,羽柴秀吉正奉命带兵与毛利军交战。得到消息之后,他立即停战,带兵向京都、大坂①一带进发,在山崎打败了明智光秀(明智 光秀)。

此后,羽柴秀吉继续与织田信长的家臣柴田胜家(柴田 勝家)交战,在贱岳之战中大获全胜,于是成功继承了织田信长的领地。

1583年,羽柴秀吉以大坂石山本愿寺为中心修建了大坂城,并将大坂城作为自己的根据地。之后,他转战各地平定大名,将德川家康也纳入麾下。

---

① 明治以前,大阪作为地名通常写为"大坂",1868年大阪府设立以后,"坂"和"阪"开始混用,现代基本只使用"阪"字。但是,在描述与历史相关的事件时还是会使用"坂"字,比如"大坂之阵"。本书在描述相关历史事件时使用"坂"字。

1585 年，羽柴秀吉获得朝廷的封号，官拜关白。次年，又封太政大臣，并赐姓丰臣。从此，他将关白与太政大臣两个官位收入囊中，正式改称丰臣秀吉。同时，他向各地大名发出了停战命令。九州岛津氏不服从停战命令，两年后丰臣秀吉讨伐九州，获得成功。

　　1588 年，后阳成天皇（後陽成天皇）亲临关白政厅时，以德川家康为首的诸位大名在向天皇宣誓效忠的同时，也向丰臣秀吉表达了忠诚。丰臣秀吉以朝廷为后盾，开始号令天下。

　　1590 年，北条氏治下的关东小田原不肯屈服于丰臣秀吉，于是丰臣秀吉派兵剿灭了北条氏政（北条氏政）势力。同年，奥羽伊达氏等东北大名向丰臣秀吉称臣。

　　自此，丰臣秀吉终于登上了权力的顶峰。

▶▶▶ 统一天下的重要步骤——实现兵农分离

　　兵农分离就字面意义来理解，就是区分武士与农民的身份。兵农分离可以提高社会生产效率。武士可以专注于军事训练，提高战斗力；百姓也可以从军事行动中脱离出来，专注于农业和其他行业的生产。同时，兵农分离也可以降低农民发起"一揆"的风险。

　　日本历史上完成了兵农分离的代表性人物就是丰臣秀吉。

　　在完成统一大业的同时，丰臣秀吉连年实行检地政策，1592 年至 1596 年期间，一度将检地政策推广到全国范围。这项政策被称为"太阁检地"（太閣検地），也被称为"天正石直"（天正の石直し）。这项措施旨在整顿复杂而混乱的土地关系，要将每一块土地的归属权确认清楚，并在此基础上实行"石高制"。"太阁检地"首先将土地关系整理清楚，为农村和农业生产的发展打下基础，可以说是促进兵农分离的第一步。

　　与"太阁检地"同时推行的重要政策还有《刀狩令》（『刀狩令』）。从农民手中没收武器的政策并非没有先例可循，1576 年，柴田胜家在加贺国就曾经推行过。1585 年，丰臣秀吉为了解除寺院势力手中的武装力量，从高野山、多武峰等地开始实施《刀狩令》；此后，趁着西日本基本平定的时机，将《刀狩令》推行到全国各地。《刀狩令》规定，全国各地的普通百姓不得持有刀、胁差（脇差）①、弓箭、长枪、铁炮等武器。这项法令的目的不在于没收农村的武器，而在于限制百姓这一特定人群的武器持有权，是伴随着身份地位认证的一项规定，促进兵农分离的意图十分明显。

在《刀狩令》实施之前，农民与武士之间的身份转换存在可能，这就给《刀狩令》的推行实施带来不小的阻力。丰臣秀吉在1591年和1592年先后颁布了《身份统制令》和《人扫令》。《身份统制令》规定了三条：禁止武家"奉公人"成为百姓，禁止农民放弃耕地从事商业或被雇佣为短工，禁止逃亡的"奉公人"被其他武家收容；《人扫令》则类似人口普查，要求按村提供居民的户数、人数、男女、年龄及职业。

虽然很多学者认为颁布《身份统制令》主要是为了管理武家"奉公人"，而颁布《人扫令》就是为进攻朝鲜摸排兵源状况，但不可忽视的是，这两道法令的实施，在事实上初步固化了社会阶层，明确了各阶层的身份地位，并消除了人民私下随意转换身份的可能性。这就为《刀狩令》的实施提供了便利，也成为实现兵农分离的重要步骤，同时为江户时代确立"士农工商"的身份秩序打下了基础。

此外，丰臣秀吉还颁布了《海盗禁止令》，又称《海盗镇压令》，从1588年开始禁止征收"帆别钱""警固料"等，也禁止走私交易，并将日本的对外贸易统合于经过朝廷许可、能够公开从事海外贸易的朱印船。

在思想层面，由于长崎大名大村纯忠（大村純忠）皈依了基督教，丰臣秀吉认为平定九州的障碍来源于基督教的影响，因此严格禁止基督教。

对海盗与基督教的禁止，是从经济和思想两方面保护日本的国内秩序，维持丰臣政权的统治，因此，也可以说是实现天下统一的重要举措。

▶▶▶ 统一天下的延长线——出兵侵略朝鲜

完成了统一日本的宏图大业之后，丰臣秀吉将关白一职让给丰臣秀次（豊臣秀次），自称"太阁"，开始试图征服海外。最开始的计划是征伐明朝，

---

① 也叫胁指，长30至60厘米，也称为"小刀"，是日本武士平时与太刀或打刀一同配戴于左侧腰间的辅助性武器。

于是他向马尼拉①和中国台湾送去了要求臣服的国书。同时他试图将朝鲜作为进攻明朝的跳板,向朝鲜宣战。这场战争在日本被称为"出兵朝鲜"或者"侵略朝鲜"。

这两种说法在日本历史教科书中均被认可,也都有采用。应该明确的是,丰臣秀吉攻打朝鲜的原因,并不只是侵略朝鲜,而是占领朝鲜,并以此为跳板进攻明朝。对丰臣秀吉来说,明朝才是真正的目标。

丰臣秀吉曾两度派兵进入朝鲜。第一次是1592年,派出15万军士,称为"文禄之役"。一开始,日军占据人数上的优势,攻占了朝鲜各地,甚至一度占领了朝鲜首都汉城。然而,在海上对战中,朝鲜水军的龟甲船发挥了重要作用,使日军陷入苦战。最后在明朝的援军与朝鲜民众的抗击下,日军不得寸进,只能休战。

丰臣秀吉在与明朝谈和的过程中,收到明神宗敕封他为日本国王的诏命,十分不满,和谈最终破裂。丰臣秀吉又于1597年派遣14万大军攻打朝鲜半岛,称为"庆长之役"。

1598年,丰臣秀吉在日本病逝,"侵略朝鲜"战争结束。这场跨时6年的战争不仅给朝鲜带来了极大的伤害,也消耗了明朝的实力,极大降低了丰臣氏在日本国内的威信,这也成了丰臣氏没落的契机。

随着这两场战争,朝鲜的陶器文化传到了日本,并逐渐融入了日本的技艺和文化,发展为日本艺术史上的重要部分。例如佐贺县的"有田烧"工艺,就起源于朝鲜陶工李参平。此外,还有鹿儿岛县的"萨摩烧"、山口县的"萩烧"等,现在均成了日本的地方特产。

此外还有一项存在争议的文化传播——朱子学。日本教科书曾记载在侵略朝鲜的过程中,隶属儒学一派的朱子学也传到了日本。这其实有误。朱子学早在镰仓时代就已经传到日本了。虽然具体的传播时间尚未发现可靠的文献证据,但是,镰仓后期以"五山"为中心的寺院学僧都把朱子学作为基础学问来研习。在朝鲜,朱子学在13世纪传入朝鲜以后,受到统治者的追捧,被奉为治国理念,李氏朝鲜时代更是将其作为国学进行推广,培养了一大批研究朱子学的知识分子和思想家。丰臣秀吉出兵朝鲜正是朱子学在

---

① 现在的菲律宾群岛。

朝鲜盛行的时代。因此，可以说此后江户初期朱子学的兴盛和发展或多或少受到朝鲜朱子学的影响，但是朱子学绝不是这个时期才从朝鲜传到日本的。

  对于丰臣秀吉为什么要出兵朝鲜，史学界也存在各种不同的解读。有些观点认为是想要扩大与明朝及朝鲜的贸易，也有观点认为是想要在中日朝三国中树立威名。但是，在当时的历史条件下，丰臣政权各个大名之间矛盾重重，战争的欲望也十分明显。丰臣秀吉想要稳定国内统一的成果，只有对外侵略扩张，将中国也纳入其"天下"的版图。这也可以说是丰臣政权的特质。这是对日本最初的"八纮一宇精神"的恶意延续，也是日本的"大东亚共荣圈"的雏形。从某种意义上来说，侵略朝鲜是丰臣秀吉统一天下的外延，对此后的日本政治家、思想家的对外战略也产生了极大的影响。

14 织丰政权

16世纪后半叶,织田信长(織田信長)终结了日本持续100年之久的内乱,之后,丰臣秀吉(豊臣秀吉)完成了天下统一。此二人统治时期的政权被称为织丰政权(織豊政権)。织丰政权只存在了短短30年时间,这段时期却是日本历史上极为重要的、承前启后的时期。因此,被单独划分为一个时代,称为"织丰时代";也可取二人居住地地名,称为"安土桃山时代"(安土桃山時代)。

▶▶▶ 织丰政权的四个时期

织丰政权开始于1568年,织田信长辅佐足利义昭(足利義昭)从岐阜进入京都,结束于1603年,德川家康建立江户幕府,可以分为四个时期。

第一时期:织田信长执政前期

这一时期从1568年织田信长入京开始,到1573年室町幕府灭亡结束。

进入京都后的第二年,即1569年正月,织田信长制定了"殿中掟"(殿中掟),对足利义昭的行动加以限制。此后,织田信长又陆续发布了"条书"(条書)、"触书"(触書)。"条书"本是武家自上而下发布的命令文件,"触书"是下达至民众的法令,织田信长用此举强迫足利义昭将将军权力转移给自己,并向各个大名展示自己的威势。

1570年4月,织田信长借口越前大名朝仓义景(朝倉義景)数度无视命令,联合盟友德川家康一起进军越前。原本的同盟浅井长政(浅井長政)突然出兵救援朝仓氏,织田信长拼死奋战,才得以逃脱。6月,他重新与德川家康组织军队,讨伐浅井长政,在姊川之战中大获全胜。8月,三好氏在摄津举兵,织田信长出兵讨伐,石山本愿寺趁机说动浅井长政和朝仓义景,

与延历寺结为联盟。9月，织田信长带着大军回到近江，浅井、朝仓联军避入比睿山抵抗。此时，长岛"一向一揆"（一向一揆(いっこういっき)）爆发，织田信长分身乏术，无力应付。

这就是第一次"信长包围网"。在足利义昭的斡旋下，织田信长最终请得正亲町天皇(正親町天皇(おおぎまち))颁布敕令，成功与浅井氏、朝仓氏达成和议。

第二次"信长包围网"开始于1571年2月，织田信长夺取佐和山城，5月攻打伊势长岛未果，在撤退途中遭遇"一向一揆"的偷袭，织田信长于是派兵放火烧掉了比睿山延历寺。之后，织田信长与浅井、朝仓联军之间一直摩擦不断，但始终占据优势。9月，织田信长终于对在背后推动反对势力的足利义昭发出十七条"异见书"，二者关系急剧恶化。此时，甲斐国的武田信玄进攻织田信长的盟友德川家康的领地，势如破竹，足利义昭趁势公开与织田信长敌对。1573年，织田信长亲率大军攻陷槙岛城，足利义昭投降并交出嫡子为人质，然后被逐出京都。

虽然足利义昭保留将军之名直至织田信长被刺杀，但随着足利义昭离京，事实上室町时代至此终结。

这一时期也可看作幕府与织田政权的双重权力时期。一方面，室町幕府在足利义昭的诏令下重新开始运转；另一方面，织田信长试图利用足利义昭构建起独立的权力体系。足利义昭为了安抚织田信长，先后把副将军、管领等职位封给织田信长，但都被织田信长拒绝了，织田信长还拒绝了足利义昭赐予的封地，转而在和泉的堺、近江的大津等地设置代官，甚至辞去了朝廷分封的官职。这一系列的举措都表明，织田信长不愿在官位体系上居于足利义昭之下，刻意回避与足利义昭形成事实上的主从关系，显示出他巩固权力基础以期控制畿内核心地区的决心。

第二时期：织田信长执政后期

这一时期从1573年室町幕府灭亡到1582年织田信长被刺杀身亡，大约10年时间。

织田信长怀揣着称霸全国的野心，歼灭了越前朝仓氏、近江浅井氏；在讨伐松永久秀(松永久秀(まつながひさひで))的同时，与各地"一揆"进行全面斗争，加强了手中的实权。1974年，织田信长在镇压伊势、长岛"一揆"的过程中，烧杀了两万余人；1575年，与越前的"一向一揆"对抗后，织田信长在府中城展开大屠杀；他还举兵入侵越前，激发了与上杉谦信(上杉謙信)之间的矛盾。上杉谦信在幕府将军足利义昭的撮合下，与本愿寺结盟，站到了织田信长的对立面。织田信长攻打了推动"一揆"的背后势力一向宗的根据地石山本愿寺。1580年，正亲町天皇发布敕令，本愿寺僧兵归入织田信长麾下，双方结束对战。至此，织田信长完全掌握了畿内的势力。

为了统一全国，织田信长在各地转战。1582年，在消灭了甲斐的武田军之后，织田信长挥师西下，却在本能寺被家臣明智光秀(明智光秀)刺杀。织田政权结束。

1575年，织田信长接受了之前拒绝的官职，就任权大纳言、右近卫大将，与已被流放的幕府将军足利义昭原先的地位对等，相当于朝廷已经承认了其"天下人"的地位。不久，织田信长将织田氏家督的位置和尾张、美浓两个领地一并让给了长子织田信忠，自己退居幕后紧握实权，一心专注于统一大业。他在安土筑建城池，并将根据地逐渐移往岐阜。岐阜的命名源于古代中国周文王以岐山为根据地，日后君临天下的典故，由此可以窥见织田信长的宏伟志向。

在把岐阜建立为根据地的同时，织田信长开始使用"天下布武"之印。"天下布武"用训读的方式是「天下に武を布く」，通常被解读为"以武力夺取天下""以武家政权支配天下"的意思，但是近年来也有学者认为，这里的"武"并非"军事"或"武家"的意思，而是中国传统的"武之七德"①，是为了彰显为政者的德行。

无论哪种解读，都不可否认"天下布武"显示出的织田信长统一天下、称霸全国的野心。事实上，织田信长为了达成"天下布武"的目标，也确实将军事力量拓展到全国各地，他与"一揆"的民众战斗，与守旧的寺社势力战斗，也与公家展开战斗。

第三时期：丰臣政权前期

本能寺之变之后，丰臣秀吉在山崎之战中讨伐了主君的仇敌明智光秀；

---

① 出自《左传·宣公十二年》："夫武，禁暴、戢兵、保大、定功、安民、和众、丰财者也。故使子孙无忘其章……武有七德，我无一焉，何以示子孙？"

1583年,又在贱岳之战中打败织田家的元老柴田胜家(柴田 勝家），确立了自己作为织田信长后继者的地位。之后,丰城秀吉修建了大坂城,并以此地为根据地巩固政权体制。

1585年,丰臣秀吉就任关白,正式获赐丰臣姓,标志着他迈入了社会顶级阶层,有了推进统一政权的可能性。接着,丰臣秀吉又征服了德川家康,通过征伐四国、征伐九州、征伐小田原等几次出征,1591年,终于完成了统一大业。

此后,每征服一地,丰臣秀吉便派遣奉行人实行检地政策,在开始阶段,沿用织田政权时期的检地制度,随着领地的扩大,检地政策越来越规范,全国均使用统一的方法及度量衡来执行,重新测量土地,确立土地所有权,被称为"太阁检地",也可叫作"太合检地"。1591年前后,太阁检地普及到关东、东北、南九州等地,进而普及到全国,甚至东北地方。由于太阁检地的实施,日本全国确立了石高制,统一了度量衡。

丰臣秀吉还于1588年颁布了《刀狩令》,于1591年颁布了《身份统制令》,促进了兵农分离。

此外,1587年出台的《基督教禁止令》和1588年出台的《海贼取缔令》,都对后来江户幕府实行的锁国政策产生了重要而深远的影响。

第四时期:丰臣政权后期

这一时期的分水岭在1591年,丰臣秀吉完成全国统一之后,将关白的职位让给了丰臣秀次,自己称为"太阁"。1595年,丰臣秀次在高野山自杀。1598年,丰臣秀吉去世。在去世之前,他建立了一套制度来辅助年幼的儿子丰臣秀赖(豊臣 秀頼),这就是五大老、五奉行的合议制。在关原之战取得胜利之后,德川家康事实上已经建立了霸权,但他仍然属于丰臣氏五大老之一。

这一时期的政治矛盾已经激化。在全国统一的过程中,在老牌的大名和新登场的大名之间爆发了严重的利益冲突,两者相互对立;丰臣秀吉作为太阁、丰臣秀次作为关白的权力界限不明晰,动摇到政权的根本;"文禄—庆长之役"的失败更是加速了丰臣政权败落的过程。关于为何要对朝鲜出兵这一问题,各方解读不同,但是基本都认为,只有对外侵略扩张,才能缓解当时丰臣政权的内部矛盾。这也可以说是丰臣政权的特质。

▶▶▶ 织丰政权的历史评价

在织丰时代，日本幕藩制社会的框架基本形成，社会剧烈动荡，历史从中世向近世迈进了一大步。在世界史的时代划分中，中世为封建社会，近世为资本主义社会，这种社会制度的变革，通常伴随着货币经济的发展、各地市场及自由城邦兴旺发达、封建地租货币化等经济现象，但是，在织丰政权成立直至江户幕府建立这一过程中，刚刚萌芽的自由城邦被弹压、整合，地租形态由"贯高制"改为"石高制"，货币地租重新变回实物地租。对这些倒退现象的理解，关系到对织丰政权的历史评价。

首先，要对中世，即镰仓时期和室町时期的社会属性做一个甄别。部分学者认为，中世与近世同属封建社会，比如中村吉治（中村吉治）认为织丰政权阻止了中世的封建社会解体，并重新构建了幕藩制为主体的封建体制；藤田五郎（藤田五郎）认为中世社会的封建制是以压榨农奴为主要特征的古典庄园制，而近世社会的封建制是一种纯粹的"隶农制"，从农民身上榨取地租；服部之总（服部之総）则认为以"土一揆""一向一揆"为代表的民众斗争及由倭寇发展起来的朱印船贸易等海外扩张，与西欧的农民战争及大航海时代可以相提并论，因此这一时期带有初期绝对主义①的性质。

与这些观点相反的是，一部分学者认为，中世尚属奴隶社会，近世以后日本才进入封建社会，代表学者有安良城盛昭（安良城盛昭）。他认为中世社会是以家父长制为基础的奴隶制社会，而近世社会是以小规模农民经营为基础的农奴制社会，其发展过程虽然有着历史必然性，但是丰臣秀吉的太阁检地等政策加快了这一进程，可以称得上是一场封建革命。

当然，也有些学者认为，不能把织田政权和丰臣政权视为一段连贯的历史，"织丰政权""安土桃山时代"这样的说法都太过笼统，不太恰当。这种"非连续说"认为，织田政权尚属中世末期，丰臣政权则已经进入近世，两个政权之间存在着巨大的体制鸿沟、时代鸿沟。

---

① 绝对主义是于17—19世纪在欧洲出现的具有绝对权力的君主统治的国家形态，是由封建等级君主制向现代君主立宪制转变的过渡形态。它源于封建等级君主制，具有鲜明的特征，体现君权压倒封建贵族特权的特征，是启蒙思想与君主专权的混合物。

15 江户幕府

江户幕府指的是江户时代将军德川氏的权力机构。1603年3月24日,德川家康成为征夷大将军,开立幕府;1867年11月9日,第15代将军德川庆喜上表大政奉还,幕府结束。一共持续了264年。

▶▶▶ 幕府的职能

幕府将军德川氏,既是武士阶层的最高统领,在封建主从关系中占据权力顶峰的位置,同时又是幕藩制国家的实际君主。从这些层面来看,幕府作为将军的权力机构,兼有两面性的特点。

幕府的职能大致有以下两点。

(1) 幕藩制国家的中央权力机构。幕藩制国家的权力机构由幕府、大名统治下的藩构成。藩是大名的地方统治机构,但是,由于兵农分离制的实施,其统治的独立性受到严重制约,藩受控于幕府,只能发挥中央集权制国家机构的一部分职能。

幕府承担的国家中央权力,有以下两点。

第一,实施锁国政策,对外确立国家主权。例如,承认长崎作为对外贸易口岸的唯一性,禁止基督教的传播,打压、驱逐基督教传教士及信众,代表国家开展有限的外交活动,等等。

第二,依靠锁国政策和石高制,在国内实行集权统治。其中包括经济方面控制铸币权、矿产权、交通运输管辖权;意识形态方面抑制寺社势力发展,禁止以基督教为首的异教传播,建立以儒学为基础的思想体系和观念学派;制定"禁中并公家诸法度",作为国家统治权正统性的依据;规定天皇的自主活动仅限于传统文学活动及礼仪执行,对公卿的委任须得到大将军的同意,而且将军有权安排皇家的婚姻,以及以宗教名义强制安排皇族成员出家修道。

(2) 集权体制下控制领主的中央权力机构。将军是幕藩领主制的最高统领,在幕藩领主制中处于权力顶峰。幕藩领主制产生于兵农分离,具有统一性、集权性等特点,因此,幕府国家统治机构,将军便是这个机构中的君主。

如果依据领主制来计算的话,德川将军的俸禄约 3 000 万石。同时,他还拥有大名、旗本(旗本）、御家人组成的直属家臣集团,其中大名还可以细分为"御三家"(御三家）、"亲藩"(親藩）、"谱代"(譜代）、"外样"(外様）四大类。将军会派遣大名及部分旗本到领地担任知行(知行）,负责控制各处领地,称为"宛行"。这部分领地就是将军的私领,粮食产量总额在 2 300 万石到 2 500 万石之间。其余旗本和御家人不能控制领地,但是可以从将军那里领到"禄米"(禄米）。

这些直属家臣集团的成员与将军之间的关系,基本属于军役关系。其中包含了"知行给与"(給与）,即将军发放的俸禄;御恩(御恩）与奉公(奉公）,即将军为家臣提供恩顾和保护,家臣则必须侍奉将军。同时,这些家臣集团的成员,特别是亲藩大名、谱代大名、旗本、御家人,也负责幕府的行政工作。

在这样的关系下,幕府完成了其中一项重要职能,便是控制粮食产量大约为 700 万石的御领——也称作天领,即由幕府直辖的领地。御领的年贡收入,就成为禄米、幕府行政经费、将军家庭开销的主要来源。这也意味着,集权制国家财政的主要基础便在于此。

这样一来,我们可以得出两个结论:一是控制"地方"(地方）——都城以外各地方的土地,便成了幕府的一项重要职能;二是幕府的财政基本就等同于将军的财政。

同时,幕府也要维系大名以下武士集团的团结。正如《武家诸法度》中说明的那样,根据集中和统一的原则,加强武士集团内部的团结是最重要的。一旦有人违反,将军可以动用强大的武装力量实行各种惩罚措施。

▶▶▶ 幕府体制的确立

幕府的体制不可能一夜之间建立起来。关原之战(関ヶ原の戦い）之后,西军各个大名的领地被没收。幕府在完成对各个大名封位的削夺与重授、封地的重新分配等一系列工作之后，从畿内的各大城市开始推行城市直辖统治，把货币的铸造权收归幕府，并逐步确定了农政基本方针。幕府体制的完善度与以前相比前进了一大步。

江户幕府建立2年之后，德川家康把将军的位置让给了德川秀忠（德川秀忠〔ひでただ〕），自己搬到骏府（駿府〔すんぷ〕）居住，成了幕后掌权者。德川家康只将军权交给德川秀忠，让他专心从军事方面强化德川政权，而自己则在骏府，重用本田正信（本田正信〔ほんだまさのぶ〕）等人，从财政、贸易、基督教等问题入手，解决国政方面的诸多问题。

这种局面实际上是江户与骏府两个政权并立的体制。

不久之后，消灭丰臣氏残余势力的大坂之阵（大坂の陣〔おおさかのじん〕）局势渐趋明朗，德川家康于是开始陆续发布一系列法度，修改兵役制度，严格法纪，重组畿内御领，调整对大坂——堺的统治。到1616年因病去世为止，他先后颁布了《一国一城令》（『一国一城令』〔いっこくいちじょうれい〕）、《禁中并公家诸法度》（『禁中並公家諸法度』〔きんちゅうならびにくげしょはっと〕）、《武家诸法度》（『武家諸法度』〔ぶけしょはっと〕）等法令，还对以五山为中心的佛教诸派系制定了法度。

德川家康死后，两个政权并立的时代终于结束，幕府重新以江户为中心。但是到了1623年，德川秀忠又将将军之位让给德川家光（德川家光〔いえみつ〕），自己移居江户城西之丸，称"大御所"（大御所〔おおごしょ〕），将军事指挥权牢牢掌握在手中，重新开启二元并立的局面。幕府体制的真正确立，是在1632年德川秀忠去世，德川家光作为将军亲政以后。

德川家光首先以"旗本"为中心整编了将军直属军队，将军事指挥权收回。接着任命自己的亲信松平信纲（松平信綱〔まつだいらのぶつな〕）、阿部忠秋（阿部忠明〔あべただあき〕）、堀田正盛（堀田正盛〔ほったまさもり〕）、三浦正次（三浦正次〔みうらまさつぐ〕）、太田资宗（太田資宗〔おおたすけむね〕）和阿部重次（阿部重次〔あべしげつぐ〕）为"六人众"（六人衆〔ろくにんしゅう〕），这个官职后来改称"若年寄"（若年寄〔わかどしより〕）。他还选拔了大名作为辅佐官员，后来发展为将军侧近官员中地位最高的"溜诘"（溜詰〔たまりづめ〕）。

随后，德川家光在骏府、京都等地重新任命或者增设了町奉行（町奉行〔まちぶぎょう〕），此外"老中"（老中〔ろうじゅう〕）、"作事奉行"（作事奉行〔さくじぶぎょう〕）、"大目付"（大目付〔おおめつけ〕）、"目付"等职务相继设立，职责权限也规范完成。以现任将军为最高权力统治者的幕府政治体系至此完全建立。

1635年重新修订了武家诸法度,将大名的"参勤交代"(参勤交代)①规定为强制性义务,加强了对各藩的控制。

幕府体制确立后,以大坂为中心的国内经济体制也得以整顿,这就为实行闭关锁国政策提供了有力的支持。为了将长崎贸易的利益牢牢控制在幕府手中、避免国际纷争、抵御基督教的影响,1633年德川家光第一次颁布了锁国令,加强了对海外贸易的控制力度。经过岛原之乱②,决定与葡萄牙断交,并于1639年向长崎奉行及九州诸大名下令驱逐葡萄牙人。这项命令标志着全面锁国的完成。

此后1644年发生大饥荒,德川家光以此为契机,振兴农业,开始推行新的地方政策。其间颁布了《土地永代买卖禁令》(『田畑永代売買禁止令』)、《庆安御触书》(『慶安御触書』)等。

此外在1643年至1651年之间,还确定了幕府财政会计制度——"回米制"(廻米制)③、大坂及江户的"町方制度"(町方制度)④。1644年,在将军的命令下,各藩大名制作了藩国地图——《正保国绘图》(『正保国絵図』),乡村地图——《乡账》(『正保郷帳』)及城池地图——《正保城地图》(『正保国絵図』),最后汇总为《正保日本图》,标志着幕府作为国家权力中心的绝对地位已经确立。

▶▶▶ 幕藩制的官僚

在德川家康与德川秀忠在位的时代,在幕府中负责处理国政的,是大久保长安(大久保長安)等人,他们也被称作"出头人"(出頭人)。他们被选拔并非凭借封建主从关系,而是凭借了自己的能力。

---

① "参勤交代"也叫作"参觐交代",是日本江户时代幕府控制各大名的一种制度。各藩大名需要定期前往江户替幕府将军执行政务,时间大约一年,然后返回自己领土执行政务。最开始是各大名对将军表达忠心的自发行为,在德川家光这次的修订后形成定制。1642年以后陆续做出调整。

② 岛原之乱也被称为"岛原—天草一揆",爆发于1637年,是肥前岛原半岛和肥后天草岛农民与天主教徒反对幕藩封建压迫和宗教迫害的大起义。

③ 回米就是将各藩的年贡米送回江户和大坂。

④ 町方就是指的江户、大坂这类大型城市。对应的是地方。

到了德川家光将军时代，幕府的官员任用制度已经基本确立，明确规定了谱代大名及旗本在国政上的职责，幕府政事的运行和维持实际都以他们为中心。这就促使谱代大名及旗本逐渐转变为幕藩体制下的官僚。将军的直属家臣集团便被分为番方（番方^{ばんがた}）和役方（役方^{やくがた}）两个体系，番方负责军事，役方负责行政。

这两个体系内部又分别按照封建位阶制确定了官位秩序，并制定出相应的"格"①，无论番方还是役方的家臣，都必须对应"格"确立官位序列。

这样形成的幕藩制官僚集团，承担了绝大部分幕政，从德川家光时代一直使用到第4代将军德川家纲（德川家綱^{いえつな}）时代。这个时期幕府对自身体制及各个政务机构进行调整，也被视为幕藩体制的确立期。

然而事实上，由于短时期没有暴发大规模战争的可能，这些"格"与番方的序列之间暂时不存在太多矛盾，但是随着经济的发展和社会的变动，处理行政事务的资质和能力才是官员任用的关键，必须以此来建立官僚体系。于是，"格"与官僚系统的矛盾便凸显出来。虽然官僚制机构已经确立，但是将军还是拥有绝对的权力，整个幕府政治体系仍然是独裁的、专制的。

到了17世纪末，幕府的政治主导权发生了明显的动荡。德川纲吉（德川綱吉^{つなよし}）在任时期，以及德川吉宗（德川吉宗^{よしむね}）施行享保改革（享保の改革^{きょうほう}）时期，均是由将军亲自处理幕府政务；在宽政改革（寛政の改革^{かんせい}）、天保改革（天保の改革^{てんぽう}）时期，当将军年幼或者病弱，没有施政能力时，"格"序列的幕臣就会掌握实权；此外还有侧用人（側用人^{そばようにん}）政治时代、正德之治（正德の治^{しょうとくのち}）、田沼时代（田沼時代^{たぬま}）等时期，主导政治实权的是那些有能力的官员，并没有严格遵守"格"的序列。

不过无论执掌幕府大权的人如何变动，整个江户时代从江户幕府建立开始，一直到明治维新前夕的大约250年时间里，江户幕府一直都在调整幕藩体制，以维持最初成立时的状态。这个坚持了整个江户时代的方针，最后被"开国"（開国^{かいこく}）所否定，受到极大的动摇，最终导致了江户幕府的垮台。

---

① 格是对律的补充和变通条例。

16 享保改革

享保改革是江户幕府第 8 代将军德川吉宗(德川 吉宗)在位期间施行的政策措施,大约持续了 30 余年,其中一半以上的时间年号为享保(享保),因此称为"享保改革"。

▶▶▶ 改革的背景

前代将军改革失败

17 世纪后半叶,日本全国的商品经济显著发展,促进了幕藩体制的变革。

从第 4 代将军德川家纲时期开始,幕府财政不健全、权力机构松懈的弊端逐渐暴露。

第 5 代将军德川纲吉(德川 綱吉)为了改变这一现象,高举儒教的理想主义大旗,试图通过提高将军的权威性来重振权力机构,反而助长了幕府群臣的恶习,亲信集团结党营私、把控朝政,所推行的经济政策又宣告失败,全国经济更是陷入一团混乱,财政状况愈发恶化。

之后的第 6 代将军德川家宣(德川 家宣)和第 7 代将军德川家继(德川 家継)均重用新井白石(新井 白石),改革前代的弊政,致力于重组支配机构,梳理货币流通,重启市场贸易。然而,新井白石受到其他幕府大臣的排挤,被逐渐驱逐出权力中心,政治改革因此而停滞。

将军权力重新确立

1716 年,第 7 代将军德川家继去世,德川吉宗成为第 8 代幕府将军。在他上位之后,为了巩固自己的权威,立即放弃了前代将军重用的大臣间部诠房(間部詮房)、新井白石等人，转而倚重传统的"谱代"阶层，这一举措大大地收买了人心。

他一改前代将军惯有的姿态，积极地处理各种政务，刚好迎合了群臣的期待，也为他确立将军权威创造了条件。

此后，他设立了密探，称为"缔户番"(締戸番)，并于1721年设置"目安箱"，把直接向将军上诉的行为制度化。由此一来，将军可以直接掌握各类信息而不必通过幕臣的转达或传递，切切实实地强化了将军的权势。

重用人才打下基础

德川吉宗在树立将军权威的同时，也广纳人才用以施政。他提拔低薪阶层的有能力者，却不增加世袭的家族俸禄，而是给相应职位的官员提供俸禄。在这些官员中，大部分是在处理幕府财政和民政措施上相当有能力的人，其中最有名的就是1717年的江户町奉行大冈忠相(大岡忠相)。

同时，德川吉宗还对勘定所、代官所等机构实行了重组，将财政、民政、司法等职能机构进行了更合理和细致地划分，并同时配置了合适的、有能力的官员。

▶▶▶ 改革的内容

享保改革的举措归纳起来有以下11条。

1. 1719年颁布《相对济令》

伴随着日本全国的大规模经济活动、商品流通的发展，私人间的金钱纠纷案件也与日俱增。《相对济令》颁布后，金钱纠纷案件不再诉诸公堂，而是转为在当事者之间谋求解决。

2. 1721年设置目安箱

为了广泛征求民众的意见，设置了实名意见箱。平民可以越过幕府大臣的层层上报，直接向将军提出诉求。通过意见箱收集的提案一部分得以实现，最著名的就是小石川养生所的建立。这是根据一名町医的提案，为低收入民众提供免费医疗的设施，是东京大学小石川植物园的前身，直到现在还是日本的一线研究机构。

16 享保改革

3. 1721 年颁布《质流地禁止令》

农民因为贫困,不得不将土地典当,但是过期无力赎回,于是土地归对方所有。这种土地流通形式被称为"质流"(質流れ),这是一种变相的土地买卖。1721 年幕府颁布的《质流地禁止令》,禁止一切土地的"质流";同时,对于已经被典当抵押的土地,以无利息、每年偿还 15% 的形式还清后,即可归还原主。虽然从一定程度上降低了赎回土地的条件,但事实上,因为典当而失去土地的农民只会变得越发贫苦,每年交纳反济款几乎是不可能的事,该法令不仅没能从根本上解决土地问题,反而让农民要求取回土地的诉求愈发高涨,各地"一揆"频发。第二年,该法令不得不停止执行。

4. 1722 年开始实行"上米制"

前代幕府将军为控制各地大名,均实行"参勤交代制度",各藩的大名须前往江户替幕府将军执行政务一段时间,然后返回自己领土执行政务。对江户周边重要的藩来说,其大名几乎全年都被要求滞留在江户。"上米制"就规定大名只需要每 1 万石缴纳 100 石贡米,就可以将停留在江户的时间缩短为半年(本来是 1 年)。这项措施实行了 8 年时间,直到 1730 年才恢复"参勤交代制度"。

5. 1722 年开始推行"定免法"

对税率的制定,历来采用的是"检见法",需要派出官员评定当年的收成状况来指定当年的税率。德川吉宗推行了"定免法",在一定年限内,不受土地收成的影响,根据实际业绩来决定固定的税率。这一举措稳定了税收,削减了每年巡查土地状况的经费,也在一定程度上遏制了官员的腐败。

6. 1723 年开始实行"足高制"

"足高制"是一种官员薪俸制度,不问家族关系擢拔人才,并按职位发给相应的薪俸。

7. 鼓励开垦新田

由于水利技术及河道管理技术的落后,前代开发的新田基本都远离了河流下游的冲积平原,德川吉宗任用纪州藩的技术工人治理河川,扩大了新田开发的范围,又将丰富的水资源用于灌溉,解决了水利问题。下总的饭沼田、越后的紫云寺潟、武藏野等新田的开发使幕府所领的"领知高"从 400 万石增加到 460 万石。

8. 认可大米交易市场

1730年，官方认可并介入堂岛米市场的大米交易。

9. 铸造"元文丁银"

也称"元文小判"，是一种含金量较低的货币。德川纲吉时代，也通过增发货币的形式稳定了当时的经济，1736年德川吉宗仿效这一措施，改铸了钱币。

10. 颁布《公事方御定书》（『公事方 御定書』）

11. 放松对西洋书籍进口的限制

经济层面

在改革初期，德川吉宗采取了紧缩政策，彻底收拢了中央财政，缩减了开支。他沿袭了新井白石实行的通货政策，依靠良币快速将货币统一和收紧，并身先士卒厉行节俭。其中首开先河的方法就是，1721年江户地区形成了96种职业的商人和手工业者的组合，通过相互监督机制，彻底禁止奢侈品制造及贩卖。

但是，一味收紧的节俭政策并不能让财政状况得以好转，反而让旗本（俸禄在一万石以下的幕府大臣中，有谒见将军资格的称为"旗本"，没有的称为"御家人"）的薪俸支付出现困难，于是，1722年开始，在财政专管水野忠之的主持下，真正重建起幕府的财政体系。

首先从参勤交代制度入手，制定了"上米制"。各大名为了有更多时间滞留在自己的领地，纷纷缴纳贡米，立刻就解决了幕府财政的燃眉之急。

之后，又呼吁富商与幕府合作，开发新田，并提高了年贡。

这些措施坚持实行了六七年之后，成效初显。上米制虽然做出了巨大贡献，但因为存在诸多问题，在1730年被废除。

财政层面

财政的改革也并非一帆风顺，而是经过了多次的政策修正，并且采用了强制推行的手段，中央财政的困局才得以扭转。

1736年，幕府重新修订了通货政策，增发降低了含金量的货币，试图通过增加通货量来缓解经济不景气的状况。1737年，德川吉宗任用松平乘邑为财政专管，启用神尾春央为勘定奉行，强制推行了财政重建政策。新的重建策略让一直无法提高的年贡收入得以增加。1744 年达到了顶峰,幕府财政终于走入平稳期。

司法层面

在这一时代,司法体制方面较前代更加混乱,德川吉宗对改革倾注了全部精力,提拔和任用下层官员,促进司法的透明化、公正化,限制过于严苛的刑罚手段。

在法典方面,1742 年颁布了《公事方御定书》,这部法典由评定所历时 15 年,在已有法典的基础上编撰而成,是德川幕府时期较为完备的一部法典。内容分为上下两卷,上卷 81 条,是司法部门、警察部门相关的各种法令、判例的汇编;下卷 103 条,是在过往案例的基础上制定的、有关刑法和诉讼法的规定,常被称为"御定书百个条"(御定書 百箇条〔ひゃっかじょう〕)。该御定书是幕府刑事法的基础,大部分内容一直沿用到德川幕府末年。1744 年又编撰了《御触书宽保集成》(『御触書寬保集成〔おふれがきかんぽうしゅうせい〕』)。

文教改革

在平民教育的问题上,德川吉宗鼓励民众培养遵守社会秩序和法令的观念,让幕府中精通儒学的大臣面向平民开设讲座,发行《六谕衍义大意》(『六諭衍義大意〔りくゆえんぎだいい〕』)[①]等教科书,并保障私塾的开设。此外,还鼓励发展实用性、实证性的学科,收集古书、古文集,研究古代法典及外国法典。特别是在 1720 年,放松了对西洋书籍输入日本的限制。德川吉宗对西欧的好奇心与求知欲,对此后的兰学发展起到了积极的影响。

▶▶▶ 改革的矛盾与挫折

在这些改革进行过程当中,出现了一系列新的问题与矛盾,比较重大的

---

① 《六谕》是明太祖颁布的教导民众的教育书籍;《六谕衍义》由明末清初时期的学者范铉所作,用简明易懂的语言,对《六谕》进行了详细的讲解。该书传到日本之后,德川吉宗命令当时的儒学学者室鸠巢(室鳩巢〔むろきゅうそう〕)将该书翻译成日语,称其为《六谕衍义大意》,并作为寺子屋的教科书进行普及。

两个方面就是米价调控与享保大饥荒。

难以调控的米价

由于提倡节俭、提高官员收入、鼓励农作等措施,大米市场供大于求,出现饱和状态,1723年开始,大米价格就有下滑的倾向,到1729年,更是呈现出暴跌态势。米价下跌,其他商品价格却没有随之下降,农民的生产收益减少,生活成本提高,就会丧失生产积极性。

于是德川吉宗采取了一系列措施试图恢复米价。幕府介入大米交易市场,通过购买、囤积等手段限制大米的流通量,甚至默许了投机商人的囤积行为,艰难应付着米价下跌的局面。同时,处罚在其他商品经营方面不当得利的商人,对从事批发经营的商家施行登记制,稳定日用品价格,但这些措施收效甚微。

农民纷纷发起"一揆",要求幕府减免赋税、预支种子及食物,这给年贡的增收造成了严重打击。正当改革在城市和农村推行均受阻的关键时刻,1732年,濑户内海沿岸地区爆发虫灾,畿内以西的大片农田绝收。于是米价暴涨,农民生活陷入绝境,1733年甚至发生了暴民进入江户打砸抢事件。这一状况刚刚得以缓解,米价就继续暴跌。

享保大饥荒

享保大饥荒发生在享保十七年,也就是1732年秋季,一直持续到次年春天。这次饥荒的范围以濑户内海沿岸为中心,波及西日本大片土地,特别是九州东部、中国及四国西部,京都以西的大片土地歉收。受灾的46个藩,损失了过去5年平均年贡的四分之三,其他藩和幕领也受到影响,收入减少,灾民达到265万人,有12 000多人被饿死。这次饥荒甚至也波及了大型城市,连年低落的米价暴涨了数倍,大坂、京都、江户居民的生活受到严重影响,人心惶惶不安。1733年初,江户出现流言,指幕府御用米商大量囤米,民众的愤怒情绪被煽动,大约有1 700人掀起暴动,破坏了米商的宅邸。以这次事件为开端,大城市中暴乱频发,混乱的局面一直持续到秋季收获期才略有平息。这次饥荒对享保改革中紧缩财政、充盈国库的政策产生了严重影响。

17 宽政改革

宽政改革是江户后期第 11 代将军德川家齐(徳川家斉)时期,以"老中"松平定信(松平 定信)为中心的一次政治改革。与享保改革、天保改革并称为江户时代的"三大改革"。

▶▶▶ 改革的背景

政治形势

在松平定信成为"老中"之前,政权掌握在前代"老中"田沼意次(田沼意次)手中,史称"田沼时代"。

田沼意次主导的是重商主义的经济政策,将增加年贡作为首要措施,在粮食生产以外,鼓励商品生产,为幕府谋求新的财源,结果导致官员与商人沆瀣一气,贿赂之风盛行。

另一方面,由于疏于对农事进行管理,农地逐渐荒废,贫农失去土地,流离失所,流入城市成为底层难民,极大地扰乱了城市的社会秩序。

田沼时代末期,爆发了天明大饥荒,让混乱的社会雪上加霜。幕府财政极度困窘,百姓纷纷发起"一揆",城市暴乱的频率前所未有。

松平定信登场

松平定信原为白河藩藩主,是第 8 代将军德川吉宗的孙子,在一众对田沼改革十分不满的大名中间颇有声望。28 岁时受到第 10 代将军德川家齐的生父一桥治济及御三家的强力举荐,于 1787 年 6 月就任"老中",开始着手幕政改革。甫一上任,他便委任了松平信明、本多忠筹等一大批与他亲近的大名,担当幕府要职,为即将开始的改革打下了牢固的政治体制基础。松平定信施政十分民主,重要的改革政策均不独断独行,充分与亲信商议,并能听取御三家与一桥治济的意见。在改革过程中,身先士卒,厉行节俭,肃正纲纪。全国上下早已厌倦了田沼时代蔓延的贿赂之风,对这位青年政治家充满了期待。

▶▶▶ 政治改革的具体措施

1. 振兴农村

松平定信从农政入手,对田沼时代的政策施以颠覆性改革。在那个时代,贡米还是财政收入的基本来源。广大农村百废待兴,要增加农业人口、荒地复耕复种,都需要强有力的刺激政策。松平定信颁布了一系列法令,如《恩贷令》《旧里归农奖励令》等,来限制人口从农村流向城市,并帮助农民重新从事农业生产。为了应对饥荒,又在各地设立了"谷仓藏"(籾藏),用于储备粮食应付非常之需。还严厉制止负责征收年贡的代官的违纪行为。

2. 恢复城市治安

在振兴农村的同时,政治改革的触角也延伸到城市。特别是将军所在的江户,改革启动之前的一个月内,还连续发生了数起打砸抢事件,如何防止暴动再次发生,已经成为迫在眉睫的难题。

松平定信颁布《七分积金令》用于救济,设立了石川岛人足寄场来收容无家可归者,并对其进行职业训练,这些举措暂时安抚了难民群体。尤其是先前提到的《旧里归农奖励令》,让愿意回归农耕的农民得到资助后自愿离开城市。不仅增加了农村人口数量,城市暴民的数量也越来越少。

这一系列措施,对稳定江户的治安、重建城市秩序,效果显著。

3. 经济政策

在市场方面,松平定信也致力于控制物价和调节米价,并努力缩小关东经济圈与京都经济圈的地位差距。他任用了10名江户豪商为勘定所"御用达",为了对抗京都的酿酒业,向关东地区的富农下令,务必酿造出关东自己的高档酒。

在金融市场方面,他也采取了积极的举措。大力推进国有资金的低息借贷,下调民间金融市场的利率。为了缓解旗本、御家人等武士的经济困境,松平定信颁布了《札差弃捐令》,仅此一项,让高利贷中间商人损失巨大。

4. 思想控制

松平定信采取了一系列控制信息、思想的措施。《出版统制令》让一大批"洒落本""黄表纸"的作者及出版商受到严厉的处罚。

在取消书籍出版的同时,大力弘扬朱子学,独尊"汤岛圣堂学问所"为朱子学正宗,除此以外的学派,包括阳明学在内,都被视为异端。这被称为"宽政异学之禁",虽然只在幕府内推行,但是各藩纷纷效仿,此举为幕府培养起大批忠实的封建官吏。

5. 加强海防建设

1792年,俄罗斯使节护送日本漂流民大黑屋光太夫回到日本,并同时提出了开放口岸、贸易通商。但是,松平定信果断拒绝了通商要求,不仅如此,他还决意开始加强海防,防止外国船只靠岸。这一事件被视作日本锁国政策的开端。

▶▶▶ 改革的评价

宽政改革对田沼时期的政策进行颠覆性的否定,带有明显的松平定信的个人风格。

松平定信的祖父是第8代将军德川吉宗,即享保改革的主导者。松平定信作为德川家族成员,本有机会成为将军继承人选,后来却成了陆奥白河藩藩主松平定邦(松平定邦〔さだくに〕)的养子。他年轻时便批评田沼政治是一场"贿赂政治",对田沼的施政十分不满,其政治目标实际是进行一场复古的、理想主义的改革。

这场改革以朱子学为基石,以农业为中心,加强了思想控制的力度,奖励了官员,重建了幕府权威,整顿了官场风气,在缩紧财政方面采取了强有力的措施,幕府财政扭亏为盈,并有了些许备用资金。

宽政改革之前的田沼时代,田沼意次试图将商业建设作为幕府财政的基础,从历史发展的眼光来看,这可以将日本平稳推向自由主义经济的道路,让幕府在走向近代化之路的同时得以存续。而松平定信出于个人对田沼意次的敌意,全盘否定了田沼时代的政策,被视为一种历史的倒退。

宽政改革中建立的"人足寄场""町会所"等机构，以及采取的勘定所"御用达"等一系列创新举措，有很大一部分一直使用到了幕府末期。这可以说是宽政改革的重要成果。

　　但是，在振兴农村、恢复城市的过程中提出的高福利政策，是需要大量资金支持才能保障的，否则很容易沦为一纸空谈。因此，许多历史学者倾向于认为宽政改革实际上是一次失败的改革。

▶▶▶ 改革落幕

　　松平定信采用紧缩财政的政治手段，引起了将军德川家齐的不满，幕府内部也逐渐开始出现反对的声音。

　　1788年，相继发生了"大御所事件"与"尊号事件"（尊号一件 そんごういっけん）。"大御所事件"的起因是德川家齐试图将亲生父亲尊为"大御所"，并给予其与前代将军同等地位的待遇。而松平定信尊崇朱子学，将伦常名分看得尤其重要，认为只有曾经担任过将军一职的人才能成为"大御所"，于是坚决反对。同一时期，以养子身份继承天皇位的光格天皇（光格天皇 こうかく）也想将亲生父亲尊为太上天皇，并加封尊号。松平定信以同样的理由反对，引发了幕府与朝廷的大争论。虽然最终以光格天皇的放弃而结束，但是这个结果为松平定信招来了更多不满。

　　1793年，松平定信被解除了"老中"的职位，后任者松平信明（松平信明 のぶあきら）虽然作为"宽政遗老"继续了财政紧缩、强化体制的改革路线，但是一般认为，宽政改革已经随着主导者松平定信的下台而结束。

18 天保改革

　　天保改革是江户时代后期天保(天保﹅﹅﹅)年间幕府实行的一系列改革的总称,由老中水野忠邦(水野忠邦﹅﹅﹅﹅﹅﹅﹅﹅)以第12代将军德川家庆(德川家慶﹅﹅﹅﹅﹅﹅﹅﹅)的名义推动。江户时代晚期,商业化发展极大动摇了德川幕府的封建统治,第一次鸦片战争又为远东带来了紧张的局势,改革的方针及措施是将经济问题理解为道德问题,以提倡复古纯朴的民风作为手段来抗拒商业化。

▶▶▶ 幕政改革迫在眉睫

　　进入19世纪,日本全国各地农村的商品生产得到长足发展,农业从业人口出现职业分化,关东农村逐渐荒废。在这种社情之下,天保大饥荒造成了空前的政治危机,从城市下层贫民及农民为主体的大盐平八郎之乱、生田万之乱等暴乱相继暴发,危及封建社会的根基,幕府财政穷困至极。此外,欧洲列强加强攻势,试图打开日本的大门。日本社会陷入内忧外患之中。

　　1841年,大御所德川家齐去世,第12代将军德川家庆终于取得亲掌幕政的机会。他立即委任亲信水野忠邦开始推行政治改革。

▶▶▶ 改革的举措

📖 水野忠邦主持的幕政改革

1. 风俗矫正令及节俭令

禁止奢侈,矫正风俗,严格限制城乡人民生活。

2. 在江户地区施行"返乡令"(人返し令﹅﹅﹅﹅﹅)

由于幕府的收入主要依靠农村的年贡,在当时的货币经济发展背景下,农村人口大量迁入城市,年贡减少,幕府收入受到极大影响。因此,幕府要求停留在江户的农村人口返回户籍所在的农村。"返乡令"防止农村人口流入城市,强迫外流的农民返乡,严格限定农民外出做工期限,严禁农民从事副业生产。

3. 低物价政策

水野忠邦认为,问屋(問屋、問屋)[といや とんや]①和株仲间(株仲間)[かぶなかま]②是垄断流通渠道、抬高物价的罪魁祸首,于是在1841年停止收取商户缴纳的冥加金(冥加金)[みょうがきん]③,解散了大部分株仲间,相关政令被称为《株仲间解散令》。

但是,当时实际经济状况是由于农村工业的发展和新兴商人在城市及地方兴起而造成的,株仲间的垄断只是徒有其表而已,并不是决定性的因素。相反的,株仲间的存在还可以代行部分政府职能,惩处内部商贩的非法行为,一定程度上规范交易市场的秩序。可惜水野忠邦等人并未认识到这一点,只是简单地认为,只要削弱了株仲间,就可以让全国的流通系统活跃起来。为了让来自全国各地的商品交易顺利进行,幕府规定了指定的市场,废除了原来的特权交易机构。同时,对商品价格进行调查,并采取一系列措施,强制要求商家明码标价和降低价格。这一系列措施,成了幕府为了应对农村商品经济的发展及雄藩(雄藩)[ゆうはん]④势力扩大而采取的一厢情愿的改革。由于株仲间被解散,市场秩序混乱,物价也未得到实际的控制。在水野忠邦下台之后,改革遭受了一定程度的挫折。1851年,幕府出台了《问屋一组合再兴令》。

4. 对外政策

此时,正值欧洲列强侵略亚洲,清朝政府在鸦片战争中失败投降,英国正在策划进攻日本的计划。消息传来,幕府为了避免列强紧逼及国内体制矛盾的双重压力,在对外政策方面,1842年水野忠邦撤回了《外国船只驱逐

---

① 问屋相当于现在的批发商,直接从生产者处得到货源,负责代销或者收购后,再推销给下一级批发商。

② 株仲间是幕府和各藩批准的工商业者的行会。

③ 冥加金最早是工商业者、株仲间及渔业者向幕府及诸藩交纳的特许费,以此感谢获得保护和取得特权。后来演变成为按一定营业比率交纳的赋税。

④ 雄藩特指幕末一维新时期割据地方、实力雄厚的藩,如积极推动了明治维新的萨摩、长州、土佐、肥前并称为"西南雄藩"。

令》(『異国船打払令』(いこくせんうちはらいれい))①,企图缓和与列强的正面冲突,并另觅途径,以江户湾为中心建设海防,开始了军事改革。

5. 在江户、新潟凑、大坂周边地区实行"上知令"(上知令(じょうちれい)、上知令(あげちれい))

"上知令"就是没收土地的政令,水野忠邦推行的"上知令"要求江户及大坂周边地区的大名、旗本的私领全部收归幕府管制。

制定"上知令"的目的有很多。大坂周边的富饶土地编入幕领之后,可以确保年贡的正常缴纳;江户一带不仅有幕领,还有许多私领,收编之后更利于强化幕府的统治,也能更好地维持治安;幕府直辖新潟凑之后,能有效进行江户湾的海防建设和海运管理。整体来说,"上知令"是一个全面追求政治、经济、军事统一的命令,反映出幕府试图走上富国强兵之路的政治抱负。

各藩的改革

天保改革前后,各藩也纷纷实行了藩政改革。其中,长州、萨摩、土佐、肥前四藩的改革最为成功,军事、经济实力得到了极大的发展,被并称为"西南雄藩",在此后成为维新运动的中流砥柱。

在长州藩,村田清风(村田清風)以下级武士、富农、富商为基础,改进专卖制,实行灾年士民救济年赋返还法,并改革兵制,办洋学等,促进了生产,增强了藩内经济和军事实力,为后来长州藩在讨幕运动中取得胜利打下基础。

在萨摩藩,虽然当时藩债数额巨大,但是主持改革的调所广乡(調所広郷(ずしょひろさと))以允许长期拖欠的方式免除了萨摩藩在江户、大坂、京都等地的商人的债务,一方面继续对清贸易,另一方面偷偷协助开展一些被限制商品的贸易,此外还垄断砂糖贸易,抽取税金,为萨摩藩积攒了巨额财富。

此外还有水户藩藩主德川齐昭(徳川斉昭(なりあき)),不仅在藩内成功解决了土地问题,还向水野忠邦提交了十几条改革意见,支持幕政改革。

---

① 《外国船只驱逐令》颁布于1825年。

▶▶▶ 改革的评价

水野下台的原因

"上知令"的推行在江户大坂一带的大名、旗本中引起轩然大波,领地所有权变更需要大量银钱,加上许多大名、旗本与领地农民之间存在经济瓜葛,担心钱财损失的农民同样激烈反对。最后,幕府不得不撤回"上知令",幕府权威一落千丈。水野忠邦被撤销老中一职,被迫下台。

不过,新潟湊的"上知令"得到维持,幕府新设了新潟奉行所。从这一点上来看,"上知令"还是起到了积极作用。水野忠邦的下台,并不仅仅因为无视现状、强行推出"上知令"。风俗矫正令、节俭令等政令同样忽略了社情民意,过于严苛,引起了民众的极大反感。

水野忠邦的下台使天保改革受到了重大挫折,改革的基本路线虽然由其余幕臣维持下来,但是在国际事务方面还是缺乏主理的人选。1844年,水野再次上台,负责外交事务。

绝对主义倾向

这场改革,被德川家庆标榜为"享保—宽政政事复兴",但是以历史学的观点来看,并非单纯的封建倒退,而应该评价为带有绝对主义倾向的改革。

比如1851年出台的《问屋—组合再兴令》,应该视作之前《株仲间解散令》的补充。因为"再兴令"并没有恢复征收"冥加金",也未印发"株札"[①],甚至没有限制人数,这与解散前的作为特权交易机构的旧株仲间完全不同,也不是为了重新振新株仲间的举措。依据这条政令,不仅在城市,就连广大农村的工商业组织也慢慢规范地发展起来,呈现出绝对主义的产业规制发展倾向。从这个意义上来说,天保改革虽然失败,但是对推动日本社会朝近代化方向转变,起到了积极的作用。

---

① 株札是一种木牌,是"株仲间"成员身份凭证。

18　天保改革

📚 维新志士的成长沃土

面对农民分化、农村荒废、百姓"一揆"等内部矛盾的激化,加上列强压迫的外部矛盾,改革不得不走上富国强兵的道路,将经济改革与军事改革一体化,这也是天保改革的重要特征。不可忽略的是,以这场改革为契机,在社会、经济等各方面崭露头角的各方势力,最后成了明治维新运动的中坚力量。

19 讨幕运动

讨幕运动是以武力推翻幕府统治的幕末政治运动。1863年,激进派倡导尊王攘夷,举兵发动"天诛组之变"(天_{てんちゅうぐみ}诛 組の変_{へん})、"生野之变"(生野の_{いくの}变)。以这两次运动为开端,尊王攘夷派经历了同年8月的政变、萨英战争、第二年的四国联合舰队下关炮击事件之后,不断调整自己斗争理念和斗争形式。尊王攘夷运动在不停地遭遇挫折、重新兴起的反复过程中,逐渐壮大,终于成为一场声势浩大的政治运动。

▶▶▶ 幕藩危机与雄藩崛起

自给自足的农业社会是幕藩体制的基础,幕府及各藩的主要财政收入都依靠农民的年贡米才能维持。但是,到了德川家庆的时代,这种结构已经几近解体。货币商品经济已经渗透到农村经济的方方面面,农村人口减少,耕地荒废,在关东以北地区这种状况尤为明显。

在自给自足的农村,由于缴纳年贡的压力,农民在农忙时须专心于耕作,但是一到农闲时期,他们便有可能为了生计成为"奉公人"①。比如摄津的伊丹一带,只在冬季开工的酿酒业很早就开始在生产季节雇佣农民作为劳动者,发展成"工厂手工业"。而城市手工业的发展,让"工厂手工业"更加发达。这是资本主义工业生产的最初形态,也可以说是江户末期日本社会经济已经走向近代化的标志之一。

失去了自给自足的农业社会基础,江户末期幕藩体制摇摇欲坠。意识到这一点的藩主大名们纷纷采用各种手段进行应对。

---

① "奉公人"在武家社会原是指侍奉主家的家仆或用人,后来由于商品经济的发展,商户也开始雇佣帮手或学徒,虽然也有主从关系,但是需要签订劳务合同,并付给劳动报酬。到了明治一大正时期,"奉公人"一词就失去了原来的意义,完全指代雇佣工人。

其中也有像小田原藩、下总国这样,试图采用开拓田地、村政改革等方式来复兴农村经济的,但是最后都宣告失败了。

前一章中提到了天保改革时期长州、萨摩等各藩的改革措施,基本是顺应了时代发展的潮流,以发展工业和支持商品经济为基本方向,从中下级藩士中选拔优秀人才,整顿本藩债务,改变财政困难的局面。同时,他们对国际形势也有清醒的认识,他们购入西洋武器,研制大炮,增设炮台,努力提高军事力量。

通过这些改革,雄藩相继崛起,尤其是号称"西南雄藩"的萨摩、长州、土佐、肥前四藩,也被合称"萨长土肥",最终成为与幕府对决的讨幕派,承担起建立新政权的重任。

▶▶▶ 两种路线

为了攘夷,需要不断引进新的西式武器,这就不可避免地要学习西洋文化。于是,从萨摩藩、长州藩开始,各藩相继与欧美各国开始交往,开展贸易,购买武器战舰,并秘密派遣留学生。在这个过程中,他们意识到,想要对抗欧美列强的压力,就必须改变幕府专政、幕府与各藩割据的局面,建立起统一的近代化国家。他们试图在政治上利用天皇的权威,作为实现改革的手段,或者说道具。

这样一来,"尊王攘夷"的口号就失去了原本所拥有的号召力,大批的脱藩志士和浪人渐渐发现,他们的行动还是必须遵从天皇的诏令,依赖天皇的权威,因而逐渐产生了失望的情绪。几个大藩的尊王攘夷派,手握地方权力,试图依靠藩的财政和军事力量,寻求打破幕府专制局面的方式。

这样的讨幕运动,前进道路迂回曲折。否定将军与幕府的存在价值,就彻底推翻了武家社会的价值观,破坏了藩士对大名忠诚的观念,很容易引发民众的反抗。而幕府与各藩的内战,很容易让欧美列强乘机在日本推行殖民主义政策。

因此,政治路线出现两种前进方。一部分人主张开展彻底的讨幕运动,武力推翻幕府;另一部分人提出继续承认幕府的权力,不使用武力,和平改革幕府的专制体制,这被称为"大政奉还运动"。这两条政治路线在对立的同时也在互相妥协中向前推进。

▶▶▶ 武力讨幕

1865年,幕府策划了第2次长州征伐,准备讨伐反幕派的据点之一长州藩。次年,在坂本龙马(坂本 竜馬)、中冈慎太郎(中岡 慎太郎)的斡旋下,萨摩藩的代表西乡隆盛(西郷 隆盛)、大久保利通(大久保 利通),与长州藩的代表木户孝允(木戸 孝允)达成协议,密谋两藩联合发兵讨伐幕府。6月,幕府军与长州藩军之间的战斗开始。幕府大范围动员了各藩的军队,但是,各藩财政困窘,自顾不暇,纷纷采取观望态度,即使出兵协助也消极怠战。萨摩藩更是明确拒绝了幕府的调兵令。幕府军出师不利,士气低落,只好于8月下令休战,幕府的权威一落千丈。

在这场内战中,法国为幕府提供了支援,而对立的英国则为萨摩藩和长州藩联盟提供了支援,武士阶层纷纷看清列强利用内乱针锋相对的手段,反对内战的情绪悄然滋长。

在民众中,反封建斗争的形势也越来越紧迫。从米价开始,物价连年高涨,加上战争,沉重的负担最后全部落到农民身上。民怨沸腾的结果,就是"一揆"等农民起义从江户、大坂及周边地区扩展到全国。

▶▶▶ 大政奉还

在这种情况下,希望通过改革而非暴力推翻幕府的呼声越来越高。坂本龙马提出了对后世影响深远的"船中八条",其中最重要的一条就是"大政奉还"(大政奉還)。原本与长州藩订立讨幕联盟的西乡隆盛和大久保利通,与土佐藩代表后藤象二郎(後藤 象 二郎)密会后,依据后藤象二郎的提议,以"王政复古""驱赶将军下台"为政治目标,重新缔结了"萨土联盟"。联盟成立于1867年6月。同年10月,后藤象二郎依据与西乡隆盛订立的盟约,使用前藩主山内丰信(山内 豊信)的名义,向幕府提出了大政奉还的建议书。

同一时期,长州藩、芸州藩的讨幕派仍然坚持武力倒幕的理念,与讨幕派公卿岩仓具视(岩倉 具視)等人一起,制订了起兵计划。

即位不久的明治天皇于 11 月 9 日向萨摩藩及长州藩发出密令,要求萨、长两藩武力讨幕。德川庆喜为了消除对幕府的武力威胁,采纳了后藤象二郎的建议,在同一天上表天皇,表示愿意实行大政奉还。

明治天皇很快接受了德川庆喜的上表,但是并没有收回征夷大将军一职。萨摩藩最关心的便是这个将军头衔,因此,萨、长两藩的军事动员仍未停止。最后,德川庆喜不得已辞去征夷大将军一职。

大政奉还的实施,显示出土佐藩势力较强的影响力,同时也意味着日本当时的中央政局对德川家族势力的姑息。当时的朝廷没有能力来执掌政权,德川庆喜即使在名义上交出政权,公卿或者各藩的势力也无法与其相抗衡,他仍然有可能在明治天皇组建的新政府中卷土重来。事实上,朝廷在接受了"大政奉还"之后,仍然继续将重要政务交由德川庆喜处理,只是要求他必须会同各藩大名进行商议。换言之,此时的中央政权依然掌握在德川庆喜手中。

▶▶▶ 王政复古

倒幕派于 1868 年 1 月发动武装政变,以天皇名义颁布了《王政复古大号令》,规定了以下五项内容:

(1) 同意德川庆喜辞去征夷大将军一职。
(2) 废除京都守护、京都所司代。
(3) 关闭幕府。
(4) 废除摄政、关白。
(5) 新设总裁、议定、参与三种职位。

参加此次武装政变的各藩,有土佐藩这样主张实行公议政体的温和派,还有越前藩、尾张藩这样的德川家族旁系血脉,因此在对待德川家族的处理问题上并未达成一致意见。此后,新政权召开小御所会议,经过一番争执,最后议定要求德川庆喜"辞官纳地"。

而德川庆喜一边交出了征夷大将军的头衔,一边却自称"上样"(上樣 うえさま),对小御所会议的决议拒不执行,摆出继续把持权力的强硬态度。在返回大坂城之后,德川庆喜接见了英、法、荷、美、意、普六国公使,要求各国承诺不干涉日本内政,并承认幕府的外交权,三天后,甚至公然要求朝廷收回《王政复古大号令》。而新政权在如何应对的问题上争论不休,朝廷亦对此无能为力。

▶▶▶ 戊辰战争

德川庆喜的迂回政策让西乡隆盛等人失望透顶。由于"大政奉还"的实行,幕府在名义上已经消失,武装讨幕从此失去了名分。于是,西乡隆盛秘密下令集结浪人在江户烧杀掳掠,制造事端,挑衅德川家族的权威,激怒了旧幕府势力中的强硬派。

这场滋事最终发展为"鸟羽—伏见之战"(鳥羽・伏見の 戦 い),并以此为契机,戊辰战争(戊辰戦争)开始,武力倒幕行动以燎原之势席卷全国。

戊辰战争的对战双方被称为"旧幕府军"与"新政府军"。旧幕府军包括了旧幕府势力及其支持者奥羽越各藩同盟①,新政府军则以萨摩、长州、土佐等军事力量为中心。

经由戊辰战争,萨摩藩与长州藩地位提升,其他各藩逐渐解体。经过1869年版籍奉还(版籍奉還)、1870年废藩置县(廃藩置県)之后,统一的近代化国家初现雏形。

---

① 奥羽越各藩同盟是在戊辰战争爆发后临时成立的,由奥州、羽后、越后各藩组成,包括了东北、北陆地方的31个藩。

20 自由民权运动

自由民权运动是一次资产阶级民主主义革命运动。这次运动一共有五大诉求：开设国会，制定宪法，减轻地租，地方自治，废除不平等条约。针对明治政府试图建立起的绝对中央集权的天皇制国家的意图，自由民权运动要求创立具有民主主义性质的立宪制国家。

自由民权运动以1874年板垣退助(板垣 退助 いたがきたいすけ)等人发起民撰议院设立建议书为起点，于1880年至1881年间达到高潮，又因1884年的"激化事件"而逐渐解体，经历了1887年"三大事件建白运动""大同团结运动"，最后在倡议"民力休养"的第四次议会时画上句号。

明治政府根据《诽谤律》《新闻纸条例》《出版条例修正案(1875年)》《集会条例(1880年)》《集会条例修正案补充条款(1882年)》等法律法规，严酷镇压了自由民权运动。

▶▶▶ 运动发生的背景

自由民权思想产生的背景

尊重人权、民主政治等思想体系虽说是从西欧传入日本的，但是，自由民权思想恰好与日本国内存在的某些先进观念相契合，因而被广泛接受。这些先进观念包括：要求营业自由的诉讼争斗，民众"一揆"，否定封建统治的社会改革，基于"天"的儒教思想的解构，洋学及其相关思想，天理教、金光教、丸山教等民间宗教所主张的在神明面前人人平等的思想，等等。

明治六年政变

明治新政府的成立，离不开士族、豪农、富商等人的支持和斗争。但是，他们对与新政府的论功行赏十分不满。特别是士族,他们原本是中下级武士和宫廷中的中下级事务官,在新政府的多项改革中,旧幕府时代的特权被一一剥夺,如"苗字带刀"①、领取俸禄等,严重伤害了他们"作为武士的骄傲"。他们中的很大一部分人生活困窘,无法向新政府表达自己的主张,于是产生了失望的情绪。

1873年的"征韩"论争便是由这些失望的士族引发的。

明治新政府成立之后,向朝鲜发出国书,希望友好交往。但是正值朝鲜政府采取闭关锁国方针,加之不愿意认可清朝皇帝以外的皇帝,日本朝野认为此举十分无礼,于是出现了要求征讨朝鲜的声音。新政府中部分参议为了平息士族的怒火,积极支持"征韩论"。这部分征韩派甚至宣称讨伐朝鲜是一场微不足道的小战争而已。

适逢岩仓使节团回国,目睹了欧美诸国先进繁荣的岩仓具视、大久保利通(大久保利通)等人痛感日本国内政治的落后,坚决反对对外战争,提出"内治优先论"。

两派发生激烈的论证,最终明治政府采纳了内治优先的观点。西乡隆盛(西郷隆盛)和板垣退助等人十分不服,同时提出辞职。这一事件被称为"明治六年政变"。

士族的不满与反叛

明治六年政变发生之后不久,以这些失望的士族为中心,开始掀起批判新政府的运动。在保守士族中,甚至有人积极参与到反政府武装暴动中。如1874年江藤新平(江藤新平)发起的"佐贺之乱",1876年太田黑伴雄(太田黒伴雄)发起的"敬神党之乱",1876年前原一诚(前原一誠)发起的"萩之乱",等等。1877年,西乡隆盛带领大批没落士族发起了最大规模的士族叛乱,称为"西南战争"。这些叛乱均被新政府派兵镇压,展示出新政府强大的军事实力。西南战争之后,士族阶层放弃了武装对新政府,开始以言论攻击作为主要手段。

---

① 江户时代苗字(姓)和佩刀是武士的特权。农、工、商被赋予准武士资格者,在正式场合也许可自报姓氏和佩刀。明治维新以后,拥有姓氏已非特权,佩刀则被禁止。

20 自由民权运动

▶▶▶ 运动的展开

运动开始——士族是中坚力量

失望的士族放弃武力之后,转而开展言论批评活动,他们将新政府评价为"有司专制政治",提出开设议会等民主主义的诉求,这就是自由民主运动的开端。

1874年,在明治六年政变中下野的板垣退助、后藤象二郎等人组织了日本第一个政治社团爱国公党,并向左院①提交了"民撰议院设立建议书"(民撰議院設立建白書)。这里的"民撰议院"就是现在的国会众议院。板垣退助认为,明治新政府完全就是官僚独裁机构,除了开设"民撰议院"外,不能达成全民公议的目的。

但是,板垣退助等人的想法,并不是要将选举权交到全部国民手中,即实行普通选举,而是提出了"上流民权说",主张将选举权交给士族、富商、富农等所谓的上流阶层。他认为,这些阶层中"维新功臣"辈出,曾为开创新时代做出重要贡献,但是现在没有获到任何回报,因此必须将他们的意见尽快反映到政治中来。板垣退助的目标虽然只不过是实现"限制选举"②,只是代表了士族、富商、富农阶层提出了政治诉求,但是在当时的历史条件下,刚好迎合了民主的潮流,受到普通民众的大力支持。板垣退助被推上自由民权运动的神坛,成为标志性人物。

同年,板垣退助联合片冈健吉(片岡健吉)等人在高知县成立了立志社。1875年又以立志社为中心在大阪成立了全国性政治组织爱国社。

面对高涨的运动浪潮,1875年大阪会议上,大久保利通向板垣退助、木户孝允(木戸孝允)等人妥协,二人重回新政府。同时,新政府出台将政体逐渐转制为立宪政体的诏令,设置了元老院(元老院)、大审院(大審院)两个机构,分别负责立法和司法,实质性建立起三权分立的体系,并承诺召开地方官会议,听取地方意见,显示出对民权派的让步。同时,对报纸、杂志等

---

① 左院是当时的立法机构。建议书之所以提交到左院是因为联名署名者中,后藤象二郎曾担任左院议长,江藤新平曾担任左院副议长。

② 选民的选举权受教育程度、社会阶层、财产、性别等条件限制,称为"限制选举"。

媒体和舆论攻击政府的言论，新政府制定了严厉的镇压法案。1875年相继出台了《毁谤律》(『讒謗律（ざんぼうりつ）』)、《新闻纸条例》(『新聞紙条例（しんぶんしじょうれい）』)等法案。

运动扩大，富农也参与其中

1877年，立志社提出"国会开设、减轻地租、修订不平等条约"三大纲领。1878年，几近解散的爱国社以立志社为中心重新组建起来。1880年，第4次爱国社大会顺利召开。在这次大会上，各地民权结社也纷纷加入其中，最后组成了"国会期成同盟"，并提出了"国会开设请愿书"。但是，明治政府方面认为，开设国会的时机尚未成熟，于是拒绝受理，并制定了"集会条例"镇压民权派的行动。

这个时期，自由民权运动的中心力量逐渐由士族阶层转向富农阶层。当时的国家财政，基本都是依靠地租。富农阶层认为国家既然依靠地租来维持运营，那么富农阶层作为纳税者就应该拥有参与政治的权利。

面对地方的这种动向，新政府于1878年接连出台了《郡区町村编制法》《府县会规则》《地方税规则》等三项法令。其中，《府县会规则》规定，全国各地的"民会"改制为"府县会"，拥有府县会议员的选举权的为年满20周岁、缴纳地租5日元以上的男性公民，拥有被选举权的为年满25周岁、缴纳地租10日元以上的男性公民。换言之，地方豪农从此拥有了选举权与被选举权，拥有通过选举当选府县会议员的机会。这被视为新政府对富农阶层的妥协。

自由民权运动当时的运动纲领中包含有"减轻地租"一项，这也是因为运动的支持者大部分是正在缴纳地租的富农。他们在不久之后的限制选举中，可以投票选举众议院议员。

在富农阶层这样如火如荼的民权运动背景下，各个地方成立了200个以上的政治社团，不仅民权活动频繁，各类学习活动也十分丰富。

阶段性成果——明治十四年政变

1878年，大久保利通被暗杀。新政府失去了领导者，在自由民权运动高涨的社会局面下，统治阶级内部产生了激烈的矛盾。大隈重信主张尽早开设国会，岩仓具视、伊藤博文（伊藤博文（いとうひろふみ））等人坚持认为时机不成熟，应该采取渐进的方式。双方争执不下。

1881年,萨摩藩出身的"开拓使"黑田清隆,将价值1 490万日元的国有资产以38.7万日元的低价变卖给关西贸易社,还允许其在30年内无息分期付款。这个交易一经败露,社会舆论一片哗然,纷纷批评新政府。新政府最后虽然阻止了这场交易,但是对不依不饶的舆论十分头疼,他们怀疑大隈重信在背后推波助澜,于是将他赶出了新政府。

这一事件被称为"明治十四年政变"。同时,为了平息舆论,新政府颁布《国会开设敕谕》,约定于10年后,即1890年开设国会。

以明治十四年政变为契机,伊藤博文领导下的萨长藩阀政权逐步整顿体制,朝着"二元君主立宪制"①的方向推进;同时,自由党、立宪改进党、立宪帝政党等政党纷纷成立。

趋向没落——激化事件

1881年(明治十四年)10月,大隈重信下台后,松方正义(松方正義)就任大藏卿,企图通过整顿纸币、建立兑换制度、创办日本银行等手段,整顿信用制度,建立天皇制国家的财政。特别是针对在西南战争后大隈财政时期出现的通货膨胀采取通货紧缩政策,并强行扩充军备,使得物价和利率低落,农产品贸易和农村工业受到打击,农民破产,或进入城市,或变成佃农。以受打击最重的养蚕、缫丝地区为中心,自由党左派的地方党员与困民党、借金党等联合起来,不断引发骚乱,称为"激化事件"。

激化事件是指在自由民权运动过程中,民众为了建立起立宪体制,不通过和平运动,而通过暴力革命推翻明治政府的一系列事件。激化事件的本质是反对政府对自由民权运动的高压的暴力抗争。松方财政推行后农民的愤怒积累到顶点,在自由民权思想的催化作用下爆发的"秩父事件"②,就是

---

① 二元君主立宪制下,世袭君主为国家元首,拥有实权,内阁成员由君主任命,政府对君主负责,议会行使立法权,但君主有最高否决权。二元君主立宪制通常产生于资本主义发展较晚、封建地主阶级长期拥有巨大势力的国家,是资产阶级与地主阶级联合专政的一种统治形式,较议会制君主制带有更多的封建专制君主制的色彩。

② 秩父自由党运动与农民请愿运动结合起来,组成"困民党",由田代荣助任首领,不断向郡役所和高利贷者提出减轻赋税和债务等要求,但是得不到回应,于是在1884年10月联络上州和信州的自由党人,发起暴动,袭击了郡役所、警察署及高利贷者。后在警察和军队的打击下失败。

其中的代表性事件。

对于1882年颁布的集会条例修正案追加条款,自由党内部虽然也有人提出要尽早进行武力反抗,但是板垣退助等高层制定了以和平手段实现立宪制的方针,接受了集会条例,以换取政府对政党的认可,并在形式上将地方分部废除,置于自由党直辖之下。因此,自由党的核心领导层也被称为"和平革命派"。

与此相对,各地方出现一大批策划以暴力革命实现立宪制的群体,他们多由地方上的自由党员为核心,被称为"广域蜂起派",其中就包括了大井宪太郎(大井憲太郎)、植木枝盛(植木枝盛)等人。1882年,著名的福岛事件①发生。当时的福岛自由党已然成为东北运动的领导力量,福岛县令三岛通庸(三島通庸)疯狂镇压自由党运动,对福岛自由党造成了严重破坏。在这一波镇压中,自由党党员甚至使用了炸弹进行反抗,引发"加波山事件"。这些群体又被称为"决死派"。决死派的策略是在未制定近代宪法的状况下,通过暗杀政府高官来为革命创造机会。

和平革命派与广域蜂起派之间、广域蜂起派与决死派之间,又互有重叠。自由党激进派煽动中下层农民在各地引发的激化事件也对民权运动的领导者造成了巨大打击。已经无法控制乱局的民权派分崩离析,自由党在"加波山事件"后解散,立宪改进党领导人大隈重信等离开政党,自由民权运动逐渐偃旗息鼓。

▶▶▶ 宪法构想与自由民权思想

当时的明治政府是以天皇为首的藩阀有司专制体制的政权,与自由民权派要求的立宪制政权是完全对立的。1875年到1887年之间,自由民权派提出了30多个宪法构想。这些构想主要包括以下内容:

(1)采用一院制限制君主权力,强调保障人权。比如内藤鲁一提出的《日本宪法计划案》,植木枝盛提出的《日本国国宪案》,等等。

---

① 福岛事件发生于1882年三岛通庸上任之后,为了修筑会津三方道路,强行要求民众服劳役或者以资代役。福岛自由党组织民众激烈反抗,受到严酷镇压。

（2）参照英国的体制，采用上下院二院制，实行限制选举权法案，如嘤鸣社提出的《嘤鸣社宪法草案》，泽边正修提出的《大日本国宪法》，交询社提出的《私拟宪法案》，等等。

（3）赋予天皇及两院最高决定权，同时实行限制选举权法。这是一种比较温和的立宪法案，代表提案有筑前共爱会的《大日本帝国宪法大略计划书》。

也有少数官僚提出了君权主义的宪法草案，比如井上毅（井上　毅）的《宪法草案》等，数量并不多，还是民权派的草案占据绝大多数。特别是植木枝盛的《日本国国宪按》，虽然在总纲上确立的是立宪君主制，但是，其内涵是一部彻彻底底的提倡人民主权的宪法案，其核心思想是无条件保障基本人权，提出了抵抗权、革命权、一院制、女性参政权、议会的自主集会权、充分尊重地方自治的联邦制等，堪称民权派宪法构想的最高杰作。此外，还有许多各具特色的草案，如千叶卓三郎（千葉卓三郎）等人提出的《日本帝国宪法》是由五日市地区的学习型社团集体创作的结晶，将保障人权放在了最优先的位置，小田为纲（小田為綱）等人精心编写的《宪法草稿评林》史无前例地将废立天皇的权力赋予国民。

自由民权思想来源于穆勒的自由论及代议政体论、边沁的最大幸福论、斯宾塞的权利论、卢梭的社会契约论等。在日本，将这些思想统合形成完整的自由民权思想的是理论家植木枝盛，其思想核心在于将人权放在最高地位。中江兆民（中江兆民）将法国人民革命的思想介绍到日本，倡导生存权及各种自由权利。民权思想中，也包含了对国权论的批判，以及女性解放论、族群歧视解放论、城市无产者组织论等思想的萌芽，但是这些思想萌芽非常弱小，涉及对亚洲诸国的歧视及对少数民族的忽视等问题，并未将农民"一揆"、社会改造、民间宗教所体现的农民解放思想系统地建立起来。这一时期的民权思想最终悄无声息地消失了。

▶▶▶ 自由民权运动的意义

激化事件之后，自由民权运动逐渐落幕。但是，在自由民权思想的影响下，一系列运动如火如荼地开展起来。如"三大事件建白运动"，提出反对不平等条约、减租减税、要求言论集会自由三大诉求;"大同团结运动",为议会开设做好了铺垫;初期议会上提出减轻地租、修正地价、休养生息等主张。自由民权运动对19世纪末期的社会文化、日本早期社会主义思想的形成影响深远。甚至有学者认为,如果没有自由民权运动,明治政府连非立宪主义的《大日本帝国宪法》也不可能制定出来。自由民权运动以民主主义为基础,主张建立立宪制国家,可以说是日本民主主义的原点。

21 成立国会

成立国会请愿运动是一场向明治政府递交建议书或请愿书、要求成立国会的大规模请愿运动。成立国会是自由民权派的五大诉求之一,也是自由民权运动最重要的一环。

支持成立国会的社会力量

三大社会力量

最先推进成立国会的是以爱国社为代表的政治社团。1874年,板垣退助等8位激进人士组成"爱国公党"并通过决议,向左院提交了《民撰议院设立建议书》。这份建议书批判了专制政权,要求租税共议及建立相对温和的立宪制,争取参与国政的权利。让8人团体意想不到的是,建议书于《日新真事志》①刊载后,很快受到了民众的广泛支持。

爱国公党与其说是政党,不如说是政治社团。只维持了短短两个月时间便分崩离析了,但是,他们策划建立了一系列地方组织,首先成立的便是土佐的立志社。立志社以联合各地政治社团成立全国性组织作为目标,1875年组成了爱国社。爱国社历经一次解散后,很快重新集结,他们与当时在政坛占据绝对主导地位的士族精英做出了艰苦卓绝的斗争,致力于推进国会的成立,最终结成了"国会期成同盟"。

都市民权派指的是活跃在东京等大城市的所有民权派人士,他们的主要活动包括以下三种:民权派知识分子、新闻从业者在时事报刊和社团(嘤鸣社、国友会、东洋议政会等)的活动,培养出理论家、活动家的庆应义塾及

---

① 《日新真事志》是1872年由英国人创办的时事类报纸,曾是左院的"御用报",后来时常刊登批判新政府的社论。1875年受《新闻纸条例》的限制而停刊。

佛学塾开展的活动，北洲社开展的民权派法律事务所的活动，等等。

第三股力量是当地民权结社。虽然依据地租修正案，改纳银钱作为赋税，但是税额几乎和江户时代不相上下，农民依然不堪重负，纷纷反对地租修正案。他们在斗争的过程中，慢慢接纳了租税共议、自由民权等思想，对地方自治和成立国会寄予了极大的期待。

多样化的社团活动

在此背景下成立大量社团遍布全国各地，一县就有几十个之多。各个社团利用各种可能的场合开展活动，通过学习、演讲、讨论等多种方式普及政治、经济、产业等方面的知识。许多社团也直接参与推动国会成立的运动。

这些社团的参加人士大多是富农及中农，也有县町村会议员、神官、医师、教员、纺织业和酿酒业等地方产业的业主。此后的许多政党，就是以这样的结社活动为基础而成立的。

如果将这些社团分类来看，大致有以下三个种类：以政治活动为目的的政治社团，以学习、讨论、教育为目的的学习型社团，以振兴产业，如农业等为目的的商业社团。实际上，这些社团虽然都有各自明确的目标和任务，但其活动并不完全局限于此。

高知立志社，属于爱国社一类的政治社团，一直活跃在全国性政治社团的活动中。

嘤鸣社、交询社、国友会等社团，就属于都市民权派，既是政治社团，又是学习型社团。

特别是地方民权社团中，集政治性、学习性、商业性于一身的社团非常多。

学习型社团在全国各地数量也很多，福岛县有石阳馆、神奈川县有五日市学艺讲谈会、京都府有天桥义塾、熊本县有大江义塾。

商业型社团的先驱是熊本县的耕耘社，其主张就是商业的发展必须要有民主政治作为保障。

▶▶▶ 成立国会请愿运动的经纬

1874 年 1 月 17 日,板垣退助、副岛种臣(副島 種臣)、后藤象二郎、古泽迂郎(古沢迂郎)、冈本健三郎(岡本健三郎)、小室信夫(小室信夫)、由利公正(由利公正)、江藤新平等 8 名爱国公党成员联名向左院提交了《民撰议院设立建议书》。爱国公党是以下野参议为中心形成的日本第一个真正意义的政党,反对藩阀专制政府,要求成立国会。但是,这一次建议书的诉求仅仅只是为士族和富商、富农阶层谋取政治权力,并不是真正地追求国民政治。同年,他在高知成立了立志社。

1875 年各地自由民权组织自发组成爱国社。不久又自然解散。

1877 年 6 月 9 日,板垣领导的立志社再次向京都行在所(行在所)提出建议书。这次他们列举了政府失政的 8 种表现,并正式提出了成立国会、减轻地租、修改不平等条约等几大要求。这些要求被视为真正符合民权运动性质的基本诉求,掀起了群众性的成立国会请愿运动。

1878 年 9 月,以立志社为核心,爱国社重新结成,推进国会成立运动的发展。

1979 年,在爱国社第 3 次大会上,以富农阶层为中心的各地社团加入其中,这次大会做出重要决议,决定提出《国会开设请愿书》(『国会開設顧望書』)。

1880 年,爱国社举行第 4 次大会,将政治社团、都市民权派、地方民权结社等多股社会力量整合在一起,成立了"国会期成同盟"。同年 4 月,"国会期成同盟"从 2 府 22 县收集了 87 000 多个签名,由片冈健吉(片岡健吉)、河野广中(河野広中)向太政官提出了《国会开设请愿书》。

国会期成同盟的政治目标是尽早成立国会,但是新政府方面认为,成立国会的时机尚未成熟,这项提案应该暂缓,于是拒绝受理。请愿运动在全国掀起声势浩大的浪潮。

对此,明治政府颁布《集会条例》进行镇压,《集会条例》规定,任何结社或集会必须经过申请,并禁止军人、教师和学生参加结社或集会。在被批准的结社或集会现场,必须有警察负责监视,并且警察有权驱散集会。民权人士的演讲等,一旦涉及批判新政府的言论,警察可以立即驱散人群,演讲也必须即刻中止。

其实,新政府中也有不少参议认为应该尽早成立国会,于是新政府内部发生分歧;1881年,开拓使贱卖国有资产的事件成为导火索,直接引发了"明治十四年政变"。

政变后,新政府终于在1881年10月发表诏敕,承诺于10年后成立国会。由此,国会开设运动渐趋瓦解,分裂成自由党和立宪改进党。

在以爱国社为中心的政治社团积极为成立国会奔走的同时,还有一支强大的社会力量不可忽视,那就是"地方民权结社"的各个社团,也被称为"在村潮流""非爱国社路线""县议主导路线"。这些以地方富农阶层为中心的社会力量,通过反对提高地租运动、府县会活动等逐渐提高了政治觉悟和行动能力。特别是1879年千叶县村议樱井静(桜井静 さくらいしずか)提出的《国会开设恳请协议案》(『国會開設懇請協議案』),呼吁全国府县会议员到东京集会,集中商议成立国会的具体方案,极大地鼓舞了全国各地的活动家。岩手、新潟、长野、茨城、山梨、冈山、广岛、福冈等多地活动家迅速响应,很快便掀起了签名运动。

这个办法通常是郡书记、县议、户长等当地名人打头阵,利用他们的名望,说服和动员当地的百姓。以冈山为例,几个月内就收集了25 000余人的签名,还发表了以恳请开设会为内容的《告同胞兄弟书》,并上表新政府。这些檄文极大鼓舞了年轻人的士气,在他们中间广为传诵。

如此一来,成立国会请愿运动在"爱国社系"与"非爱国社系"两大力量的推动下,如火如荼地开展起来。从1874年到1881年,日本全国各地要求成立国会的建议书、请愿书总数多达130份,署名者达到319 311人,成立国会请愿运动在"国会期成同盟"宣布成立的1880年达到高潮。这130份建议书、请愿书有90件递交到元老院,40件递交到天皇或太政官手中,反映的最大诉求是学习英国,成立君民共治的立宪制政体。这样声势浩大的请愿运动,最终促使新政府做出10年后成立国会的承诺。

只是,在临近承诺期限的1884年11月7日,由于国内形势的变化,自由党在解散大会上向元老院提出《国会开设期限缩短建议书》,第二年,各地纷纷响应,提交了内容相同的建议书。

▶▶▶ 自由党与立宪改进党

1880年11月，国会期成同盟召开第2次大会。这次大会提出了成立政党的构想，但是议案被否决，并未成功。于是，部分极力推进成立国会请愿运动的民权活动家，于一个月之后制定了《自由党结成盟约/自由党申合规则》。这个组织并不是真正意义上的政党，只能被称为自由党成立准备会。在国会期成同盟召开第3次大会的前夕，自由党成立准备会的成员进行了磋商，制定了成立自由党的提案。次日的大会通过了这个提案，大约1个月以后，经过三次的讨论和修改，自由党纲领及规则已具雏形，第一个全国性政党终于成立，板垣退助当选总理。

建立自由党的决议通过以后，1881年10月发生明治十四年政变，明治天皇于10月12日颁布敕谕，其主要内容就是预定于10年后成立国会。1882年大隈重信因政变下野，一部分原高等官员、城市民权派知识分子推举他为总理，成立了立宪改进党。

自由党的宗旨是保护农民阶级及普通小工商业者的利益，发展小资产阶级；与此相对，立宪改进党的宗旨则是保护城市工商业者、地方名士及资本家的利益。虽然两党皆以建立立宪体制为目标，但是自由党的基本立场是要限制天皇权力，谋求国民权利的最大化，而立宪改进党则主张使天皇的最高权力与国民权利并存。不过也应该看到，立宪改进党虽然不主张限制天皇权力，但是其立场与另一个被称为"政府御用政党"的立宪改政党泾渭分明。

自由党的党报是《自由新闻》，立宪改政党也通过《邮便报知新闻》《东京横滨每日新闻》等报纸进行政治宣传。

22 隈板内阁

明治后期至大正初期,大隈重信组织了第一次、第二次内阁。隈板内阁即第一次大隈内阁。

▶▶▶ 隈板内阁成立前的局势

1894年8月1日,日本政府对清政府宣战。当时,众议院已经解散,但是,无论是对外强硬派还是自由党,在战争面前都选择了妥协,停止了对政府的攻击。

9月1日,第4次总选举在平稳的局势下进行,此后又接连召开了两次议会会议,众议院的各派都默契地选择了政治休战,一致表态支持政府出兵。

战争以日本的胜利结束。战后,日本政府虽然迫使清政府签订了不平等条约,但是由于列强的干预,日本又失去了通过不平等条约在辽东半岛取得的特权。当时日本国内一片哗然,对外强硬派重新开始抨击政府。

自由党方面表面上与对外强硬派步调一致,其高层领导人河野广中(河野 広中)却在内部会议中提议与伊藤内阁同进退。之后,河野广中等自由党高层通过暗中与伊藤博文进行数次磋商,终于在11月22日公布了谈判过程,并宣布了与伊藤博文签订的结盟协定。这份协定的内容包括:新政府对涉及预算、法律、政策等相关问题做出决议之前,要充分考虑自由党的意见;让板垣退助进入内阁。这表明政府对自由党采取了绥靖政策。

新政府与自由党达成协定之后,立刻召开了议会会议。对外强硬派趁机要求新政府对失去在辽东半岛的利益和在朝鲜京城事变中的决策失误负责,弹劾内阁。议会在自由党的支持下否决了弹劾案。预算也只被削减了318 868日元,这令新政府十分满意。同时,新政府依照与自由党的约定,任命了自由党总理板垣退助为内务大臣。

这次内阁会议的决议引起两个重大改变。

一是进步党的成立。对外强硬派认为,弹劾案被否决很大一部分原因在于其派系本身由小党派组成,力量分散,小党派有必要融合为一个大的政党。于是,立宪改进党、立宪革新党、中国进步党、帝国财政革进会、大手俱乐部等多个小党派重新改组成立了进步党。大隈重信虽然没有担任总理的职务,但他实际上是进步党的首领。

二是接纳板垣退助入阁的举措,意味着新政府其实也在自我修正"超然内阁"①的形象。这个改变给表面平静、内部其实矛盾重重的伊藤内阁投进一颗石子。山县有朋就首先对结盟表示不满,但是井上馨完全站在相反的立场,不仅赞同板垣退助进入内阁,还向伊藤博文建议任命大隈重信为外务大臣,任命松方正义为大藏大臣,打造一个多方联手的和谐内阁,以便更好地支撑对外战争。伊藤博文将这个提议交到内阁会议上讨论,得到了除板垣退助以外的其他内阁成员的一致赞成。板垣退助虽然对松方正义的任命没有异议,却坚决反对对立党派的实际党首大隈重信入阁。而松方正义拒绝单独入阁。这就给伊藤博文制造了一个二选一的难题:到底应该留下板垣退助,还是应该放弃他转而邀请松方正义与大隈重信这个组合?这件事导致伊藤博文以内阁内部意见不统一为由辞职。第二次伊藤博文内阁倒台。

在元老会议的主持下,松方正义代表的萨阀势力、大隈重信代表的进步党势力,终于成功联手组成了内阁。这次内阁应该称为"松隈内阁"。对松隈内阁在成立后公布的政策,进步党公开发表声明表示支持。紧接着召开了第10次议会会议。在选举议长的时候,自由党为了平息内部矛盾,推出了12名脱党人士参选,结果毫无疑问是进步党党员当选,双方产生不快。另一方面,在"《二十六世纪》事件"②等诸多问题上,政府与进步党之间也产

---

① 不以政党为基础,超然于政党之外的内阁。1889年《大日本帝国宪法》颁布后,首相黑田清隆、枢密院议长伊藤博文宣称,政府不受政党约束,独立实施政策。以后的藩阀官僚,特别是由山县有朋派系的官僚所组成的内阁,一贯坚持抑制政党势力发展的超然立场。

② 1896年,第二届松方内阁书记官高桥健三在自己创办的杂志《二十六世纪》上发表了一篇批判时政的论文而导致杂志被停刊。这次事件最终促成了政府对《新闻纸条例》的修订。

生了严重分歧,围绕夏威夷问题、德国占领胶州半岛事件,进步党内部批评政府的声音越来越强烈。松方正义无法发挥作为领导者的作用,双方矛盾愈演愈烈,负责斡旋的官员也不得已辞职。

面对这样的局面,大隈重信认为必须要重新改组内阁。他提出组建三头内阁的建议,让伊藤博文担任首相、松方正义担任大藏大臣,而他自己负责外务大臣的工作。虽然松方正义赞成,无奈伊藤博文并无回应。松方正义欠缺领导的手段,无法继续笼络进步党,最终与进步党决裂,大隈重信辞职。

之后松方内阁又妄图获取自由党的支持,然而自由党在此后的议会上给其以当头一棒,提出了内阁不信任案,明确表示反对松方内阁。

政府陷入孤立无援的境地。最后在第 11 次议会会议上众议院解散。两天后,松方内阁宣布集体辞职。

此后,伊藤博文决心组建举国一致支持的内阁。他尝试着邀请板垣退助和大隈重信联手入阁,但是板垣退助和大隈重信均提出了入阁后担任阁僚大臣的要求,伊藤博文不愿答应,只回复说希望等待总选举的结果,尽可能维护选举的公平性。于是,伊藤博文以长阀官僚为中心,组建了内阁。

1898 年 3 月,总选举开始。选举的结果,自由党成为第一大党,于是自由党要求政府允许板垣退助入阁。因为大藏大臣井上馨坚决反对,这个要求被伊藤博文公开拒绝。自由党内反对伊藤博文的情绪高涨。进步党虽然并未明确表示反对政府,但是在对待政府的态度上,和自由党站在了一边。

两个月后,第 12 次议会会议召开,有关增税的各项法案被提上议程,伊藤内阁的提议遭到强烈反对。会议最先讨论的便是增收地租的法案。众议院全票反对,即使伊藤博文威胁说要采用"非常手段",即使议会会议一度中断,众议院仍然以压倒性的多数票否决了这一提议,同时被解散。

这种形势下,自由党和进步党均感受到政府不择手段的压迫,两党反而越走越近。特别是在平冈浩太郎的斡旋下,在众议院解散的第二天,便做出了合并的决定。6 月 22 日,两党共计 2 000 余名党员召开大会,举行了合并仪式,新政党取名宪政党,同时制定了成立宣言和纲领。大隈重信和板垣退助宣布成为宪政党党员。

在这种情况下仓促成立的宪政党,并没有经过冷静、理性的磋商,双方对于施政方针、前进方向、基本的政治理念均没有充分进行沟通,仅仅凭借反对政府的一腔热血一蹴而就。这也成了此后宪政党内阁内部纠纷不断、迅速解体的根源。

▶▶▶ 第一届大隈内阁

大隈重信第一次组阁于1898年6月30日,解散于1898年11月8日,称为隈板内阁。

宪政党成立之后,伊藤博文仓促准备组建自己的政党,但是遭到元老山县有朋等人的反对,不得已提出辞呈。考虑到内阁元老不足以担当内阁总理大任,伊藤博文向明治天皇上表,推举大隈重信与板垣退助两人担此重任。于是,大隈重信担任首相(内阁总理大臣)兼外务大臣、板垣退助担任内务大臣,此外,除军部大臣以外的内阁职位均由宪政党党员担任,日本终于组建起第一个政党内阁。政党内阁的组建,对此后的日本政党政治及大正时期的民主建设产生了极大的影响。

然而此后,由于新的宪政党刚刚合并就组建内阁,政党内部并未进行充分的融合,缺乏根基,原来的自由党党员和进步党党员一开始就分为两派,争夺中央官厅的各个重要官位。而且为了巩固自己在地方的根基,职位的争夺也波及地方官。猎官运动盛极一时。

另一方面,西乡从道留任海军大臣、桂太郎留任陆军大臣,这两人都是山县有朋派系成员,军事方针相关的一切事务还是要仰仗山县派系。等于说隈板内阁只能处理一半的内阁事务,在军事方面没有任何发言权。

文部大臣尾崎行雄由于共和演说事件辞职下台,后继人选对这一职位的争夺白热化,新生的宪政党终于分崩离析,原自由党派系继续称为宪政党,而进步党派系成员称为宪政本党。第一届大隈重信内阁倒台。

▶▶▶ 第二届大隈内阁

1914年4月,西门子贿赂海军的丑闻曝光,导致山本权兵卫内阁倒台,清浦奎吾组阁失败。内阁元老们希望压制立宪政友会势力、解决陆军增编的问题,重新起用了呼声较高的大隈重信,扶植立宪同志会进入内阁联合执政。大隈重信第二届内阁于 4 月 16 日成立,执政党包括立宪同志会及非政友会派的立宪国民党、中正会。

新内阁组建不久,7 月 28 日第一次世界大战爆发,日本政府与内阁商议之后,于 8 月 8 日对德国宣战。第二届大隈内阁遭到国际社会的谴责,在日本国内的声望也逐渐下滑。内阁元老们对大隈重信的亲信外务大臣加藤高明越来越不满。

由于陆军增编问题迟迟得不到解决,政府于年底解散了议会。在第二年 3 月举行的总选举中,因为政府的干预和充裕的政治资金的支持,立宪同志会大获全胜。在 5 月举行的特别议会上,陆军增编方案通过。

这时,内务大臣大浦兼武渎职事件曝光,相关的众议院议员被逮捕,7 月大浦兼武被迫辞职,原本计划连任的内阁,在舆论面前也只能宣布集体辞职。但是,大正天皇对大隈重信非常信任,拒绝了他的辞职表,并出面斡旋,最终让元老会议接受大隈重信于内阁改组后继续主持内阁。

之后,加藤高明在对中国的外交上与元老们的期望背道而驰。

在这种内外交困的情况下,元老会议产生了倒阁的意向。大隈重信在辞职的同时,极力推举加藤高明担任下一任首相,但是遭到元老会议的一致反对,最后在元老们的斡旋下,寺内正毅组建了下一届内阁。

▶▶▶ 大隈重信

大隈重信生于 1838 年,死于 1922 年,是明治—大正时期的政治家,小名八太郎。

大隈重信的父亲是长崎港警备炮台的指挥官,大隈重信从小跟随在父亲身边,学习到大炮发射角度计算等数学知识、配制火药的化学知识,还随父亲接触过驻长崎的荷兰领事,了解到不少西方社会的状况。他从小在藩校"弘道馆"上学,对弘道馆中教授的儒学知识十分反感,在争论儒学教育是否应该继续的"南北骚动"中坚决站在反对者之列,15 岁便从弘道馆退学。大隈重信 16 岁时,进入佐贺藩开办的"兰学寮"学习荷兰语,正式接触西方文化。弘道馆与兰学寮合并之后,大隈重信担任了兰学教授,他开办讲座宣讲西方文化,还向藩主锅岛直正讲授过荷兰宪法。可以说青年时期的见闻让大隈重信对西方文化产生了浓厚的兴趣,他逐渐走上一条学习西方文化的道路。

1854年,佐贺藩设立了"代品方"(代品方〔かわりしなかた〕),专门设计开发出口商品,致力于发展海外贸易。1864年,大隈重信进入代品方任职,远赴长崎。此时他与弘道馆学友副岛重臣一道,跟随荷兰裔美国传教士沃贝克学习英语。他们在沃贝克的指导下阅读了《新约》及美国宪法,并协助沃贝克开办了英语学校"致远馆",在青少年中推行西方教育。在这个过程中,大隈重信对西方的兴趣愈发浓厚。

1868年明治政府成立,30岁的大隈重信担任外国事务局的判事,到长崎裁判所和海关任职。刚到长崎,便接手了与外国公使团谈判的工作,就迫害基督教徒问题与西方列强进行交涉。通过与英国公使的激烈交锋,迫使公使团认可了日本的处理结果。由于这项功绩,大隈重信升任外国官副知事,被调到横滨裁判所。

1869年3月,大隈重信开始兼任会计官副知事,8月升任民部大辅和大藏大辅,致力于解决假货问题、建设铁道电信、设立工部省等。第二年大隈重信成为参议,又用了一年时间升为大藏卿。了解国家财政状况以后,大隈重信才意识到,要重新核定地租,就必须了解农户数量、土地面积及收成状况,但是资料十分欠缺。于是,他下令各藩统计这些数据。

1871年,伊藤博文从美国考察财政制度归来之后,大隈重信采纳了伊藤博文的建议,在大藏省开设了统计司,即后来的统计寮,开创了日本统计工作的先河。

同年11月,在大隈重信的提议下,明治政府将他的遣外使节的构想扩大化,派遣了外务卿岩仓具视率领的"岩仓使节团"出使欧美等国,随行携带了《日本国势要览》。《日本国势要览》由太政官记录编集局主持编撰,大量收录了介绍日本的资料和文献。在编撰过程中,明治政府逐渐认识到编写综合统计书的重要性,于是在12月在太政官政院设立了"政表课",这便是统计局的前身。

大隈重信虽然一度担任了参议兼大藏卿双重职务,但是,依照伊藤博文提出的"官省分离"的构想,他于1880年2月辞去了大藏卿一职,专司参议,负责监督太政官的会计部。

在这段时期,西乡隆盛提出"征韩论",大隈重信极力反对。不久,大隈重信在大久保利通麾下负责处理财政事务,积极推进"秩禄处分"(秩禄処分 ちつろくしょぶん)①、地租审定等工作;大久保利通去世之后,他担任参议笔头,开始推行殖产兴业政策。可以说,这一时期正是大隈财政的起步阶段。

1881年,大隈重信提交国会成立意见书,主张以政党内阁制为基础成立临时议会。当时,正值北海道开拓使将官有资产低价变卖的事件被揭露,大隈重信对此十分反感,于是被萨长势力及宫闱集团排斥,10月不得不辞去参议一职,同时连累大隈派诸多官员联袂辞职。这就是著名的"明治十四年政变"。

政变后,大隈重信将重心转移到政党的设立上。1882年4月,他和矢野文雄(矢野文雄 やのふみお)、小野梓(小野 梓 おのあずさ)等人结成立宪改进党,并担任了总理;10月,在小野梓和高田早苗(高田早苗 たかたさなえ)等人的支持下,设立了东京专门学校,1902年改名为早稻田大学。

1884年12月,大隈重信在名义上脱离立宪改进党。

1888年2月,大隈重信进入第一次伊藤博文内阁,担任外务大臣。之后的黑田清隆(黒田清隆 くろだきよたか)内阁组建后,他也继续留任,负责与列强谈判修订不平等条约的事宜。由于任用外国人担任裁判官,引起轩然大波,大隈重信被人投掷炸弹炸伤,失去右腿,最后只能辞去外相的职务,改为担任枢密顾问官。

议会成功开设后,大隈重信恢复了立宪改进党,并担任议员总会长。1896年3月,以立宪改进党为中心成立了进步党,大隈重信成为党魁。9月,大隈重信与萨长势力达成妥协,进入第二次松方正义内阁担任外务大臣。这次内阁也被称为"松隈内阁"。

1897年3月,大隈重信兼任农商务大臣,但是可惜的是,他与萨长势力之间的矛盾再次爆发,8个月后不得不辞职。

1898年6月,大隈重信联合了板垣退助,将自由党与进步党合并,建立

---

① 秩禄是给予华族或士族的家禄和给予维新功臣的赏典禄的总称,作为过渡措施采用公债支付。"秩禄处分"就是将"秩禄"全面废除的政策。

了宪政党,组建了日本近代史上第一个政党内阁"隈板内阁"。

大隈重信不仅是一位政治家,同时也是明治时期近代文明的倡导者,终生致力于教育事业的发展,不仅创建了早稻田大学,还设立了国书刊行会、大日本文明协会等组织,主持开办了《新日本》《大观》等杂志刊物,编写了《开国五十年史》《开国大势史》等书籍,对开启民智、普及近代思想做出了重要贡献,被称为民众政治家。

1936年1月10日,大隈重信因胆结石去世,在日比谷公园举行了盛大的"国民葬",前来参加吊唁的民众有30万人以上。墓地在东京都文京区护国寺内。

23 桂园时代

桂园时代是指陆军山县有朋（山県有朋）派系所属的桂太郎（桂太郎）与伊藤博文（伊藤博文）的后继者立宪政友会第2代总裁西园寺公望（西園寺公望）交替执政的时期，从1901年至1913年，大约10年的时间。"桂"指的是桂太郎，"园"指的是西园寺公望。

从日俄战争（日露戦争）开始，到明治天皇驾崩的10年间，内阁总理大臣一直由桂太郎和西园寺公望交替担任，桂太郎所代表的藩阀政治势力三次组阁，以西园寺公望为党首的立宪政友会两次组阁。这一段历史，被称为"桂园时代"，是两大势力相互角力轮番执掌内阁的时期。在此期间，松方正义（松方正義）、山本权兵卫（山本權兵衛）、平田东助（平田東助）等人也一度成为首相的热门人选，拥有大批拥护者，但是其背后势力均不敌藩阀政治集团和立宪政友会，或者说，他们所代表的势力集团中，无人可以取代桂太郎或西园寺公望，他们参选首相最终只能以落选而告终。

这个时期，《大日本帝国宪法》已经制定出台，政治进入相对安定的时期。中间举行了第10次、第11次众议院议员总选举，均是在议员届满之后自然展开的。在日本宪政史上，只有桂园时代才出现过连续两届议员届满才举行大选的情况，其他多数时候众议院都是在议员任期未满的情况下由于各种政治原因而解散。由此可见，这一时期的政治稳定程度极高。

西园寺公望虽然身为政友会总裁，组建着政党内阁，但是他一方面扶植原敬（原敬）这样政党党员出身的首相，并让他们担任主要阁僚；另一方面，也任用政党、藩阀集团以外的人才，逐渐解除了官僚集团、军部、藩阀势力对他的戒备心理。这些被他扶植和提拔的人才，与桂太郎率领的贵族院多数派也能相互合作。

西园寺公望出身于拥有清华家(清華家)①血脉的名门公家西园寺氏,青年时期便才高八斗,又在戊辰战争(戊辰戰爭)中建功立业,成为与岩仓具视(岩倉具視)、西乡隆盛(西郷隆盛)、大久保利通(大久保利通)比肩的内阁参与(参与)②。明治维新后,他毅然离开官场前往巴黎留学,接触到了西方的民权思想。其时适逢普法战争,他目睹了巴黎公社起义的悲壮情景,对人民群众的强大力量有了更深的认识。在法国期间,他和乔治·克里孟梭(Georges Clemenceau)及中江兆民(中江兆民)等许多著名的自由主义者和宪法学者结识。他在法国留学期间,接受了自由民主思想,转变为贵族资本家,这对他后来所走的道路及其政治主张具有决定性的影响。西园寺公望最推崇的政治家,是参加过自由民权运动的陆奥宗光(陸奥宗光),然而,陆奥宗光在1897年病重,未能达成打倒藩阀、实现议会制民主主义的夙愿,抱憾而终。西园寺公望沮丧之余,决定继承陆奥宗光的遗志。

而桂太郎与当时军部的第一掌舵人山县有朋十分亲厚,是山县派系的官僚之一。他十分善于掌控人心,采用诸多怀柔政策,被称为"怀柔首相"(ニコポン首相)③。他就任时的军部,几乎被称为山县派系的大本营,基本上任用的是山县派系官员,但他仍然在明治天皇的支持和信任下,很快在陆军中扩张势力,成长为与山县有朋几乎势均力敌的力量。

1904年12月,日俄战争结束后,桂太郎内阁与政友会之间缔结秘密协议,在政权移交之前,政友会需支持桂太郎内阁。在此之前,继任首相的人选按惯例由元老会议决定,或者由元老、元勋等当权者向天皇推荐。越过元老会议直接确定继任首相人选,尚无先例。一直将桂太郎视为心腹的山县有朋认为此举是对他的背叛,震怒之余却也无力改变这个事实。桂太郎在卸任前,仅仅知会了元老,便将西园寺公望直接推荐给天皇。于是,1906年1月,在未召开元老会议的情况下,西园寺公望第一次组建内阁,政友党成为众议院第一政党,即执政党。

桂太郎一直对政党政治不太有信心,原本也对政友会的执政抱有强烈

---

① 公家家格形成于平安后期至镰仓时期,清华家仅次于摄关家,是普通公家的顶级家格。
② 明治时代初期新政府的一种官职。
③ 这种说法来自舆论对他的评价:ニコニコ笑いながら相手の背中をポンと叩くという親しみを感じさせる。

不满,在政友会执政期间不停进行批评和指正。1910年,大逆事件爆发后,第二次桂太郎内阁遭遇了沉重打击,到了如果不与政友会达成妥协就无法实施和推行国内政策的地步。桂太郎发现,与其依靠手段激进的大逆事件参与者,不如利用相对温和的政友会。于是他转变立场,在1911年1月,与西园寺公望、原敬、松田正久(松田正久)等人和谈,相互妥协。他们在和谈中使用了"情投意合"(情意投合)一词,这个词表现了桂园时代的政治特色,即当时的官员、军部势力、政友会等通过默契沟通共同处理政务。这种政治合作从日俄战争时开始摸索,在日俄战争结束后桂太郎与西园寺公望交替担任内阁总理大臣时正式形成,成为当时日本政界的主流。一直到1912年12月,由于陆军师团扩编事件(二個師団增設問題)中西园寺公望代表的政友会和桂太郎代表的军部产生了不可调和的矛盾,第二次西园寺内阁解散,这种政治和谐终于结束。

桂园时代发生了日英同盟的缔结、日俄战争的胜利、日韩合并条约的签订等事件,日本的国际地位显著提高。在陆奥宗光、小村寿太郎(小村寿太郎)等人的努力下,日本推翻了与列强签订的不平等条约,重工业也在此时期得到长足发展。此外,劳务纠纷和环境公害问题等以前从未出现过的新问题也逐渐摆上了台面。可以说,桂太郎和西园寺公望为未来的"大正民主运动"(大正デモクラシー)奠定了基础,开辟了道路。

日本史学家千叶功(千葉功)认为,在桂园时代,桂太郎主导的陆军军部、官僚势力、贵族院与西园寺公望领导的政友会相互扶持,是这段时期的体制特色,无论从内政还是外交方面来看,这段时期都是二战前日本政治相对稳定的时期。

但是,桂园时代的政治和谐并不是固定的、静态的,而是包含着尖锐对立关系的相互妥协。政友会将永久性把持政权作为目标;对原敬来说,西园寺公望内阁并不健全;对桂太郎来说,与政友会"情投意合"其实意味着一种政治妥协与让步。甚至可以说,桂太郎在受封公爵以及由于日俄战争的胜利取得明治天皇信任之后,逐步建立起政治自信,将第二届西园寺内阁成立后的桂园体制亲自推往分崩离析的方向。

23 桂园时代

📚 第一届桂太郎内阁

1901年6月2日,第四届伊藤博文内阁集体辞职之后,井上馨(井上 <ruby>馨<rt>かおる</rt></ruby>)组阁失败,桂太郎内阁成立。以桂太郎为首的内阁成员,都不是明治维新运动中的功勋人物,因此被认为是首次由第二代政治家组建的内阁。同时,这些内阁成员基本是山县有朋派系的官员,均被看作二等官,于是又被谑称为"小山县内阁""次官内阁",但是,这届内阁是日俄战争结束后到第二次世界大战爆发前这段时期持续时间最长的内阁。

这届内阁面临的最大难题就是在东亚地区的外交,同时在内政上要应对立宪政友会强烈的反藩阀官僚主张。

1901年至1902年期间,内阁促成日英同盟,为了扩张海军军备,试图增收地租,与政友会发生激烈冲突,导致中途甚至停开议会会议,最后不得不与政友会达成妥协。当时,日俄谈判几近破裂,1903年的第19次议会会议,又因为众议院议长河野广中当众朗读桂太郎弹劾书的"奉答文事件",不得不中止。1904年,日俄战争爆发,军部获得各党派的支持,最后赢得了战争胜利。

战争末期,日本国力难以为继,于是在美国总统西奥多·罗斯福的斡旋下,于1905年9月5日签订朴茨茅斯合约,为侵略朝鲜和中国东北的奠定了基础。

在此前的7月,桂太郎与美国战争部长威廉·霍华德·塔夫脱(William Howard Taft)秘密会面,依据后来发现的备忘录内容,日本承诺不侵略菲律宾,等于承认了美国在菲律宾的势力范围。8月日英同盟修订了协约内容。1905年11月日本在美英的默认下又签订了第二次日韩协约,迫使韩国承认日本对韩国外交、财政事务的指挥权。

日俄战争末期,桂太郎与政友会会员原敬数次进行政权交涉。1906年9月,由于反对讲和,爆发了日比谷烧打事件,终于导致桂太郎内阁集体辞职。之后由西园寺公望组阁。

📚 第一届西园寺内阁

日俄战争末期,政友会成员原敬辞职后,1906年1月7日西园寺公望第一次组织内阁。这届内阁成员在人数方面保持了藩阀势力、贵族院、政党成员之间的平衡。内阁继续实施第一届桂太郎内阁的政策计划,积极进行战后重建,将铁路收归国有,完成了两个师团增设计划,同时实施了振兴产业的政策。

1906年1月,日本社会党获得承认。1907年,日本与法、俄缔结了日法协定、第一次日俄协定,并通过第三次日韩协定取得了朝鲜的内政权,彻底控制了朝鲜。

这一次届阁的内务大臣原敬主持了内务省改革,再次向议会提起郡制废除法案,山县有朋派系的藩阀势力受到极大的威胁,逐渐失去主导的地盘。

日俄战争结束后不久,外交大臣加藤高明外受各国列强的批判,内受伊藤博文等人的反对,承受了巨大压力。加上铁道收归国有的问题,加藤高明被迫辞职。

1908年,围绕预算等财政问题,大藏大臣阪谷芳朗与递信大臣①山县伊三郎相持不下,内阁内部暗流重生,加上交通机构整顿、产业发展受挫,1908年3月进行的总选举中,虽然政友会依然取得了187席的多数席位,但是,桂太郎害怕政党势力发展太过迅猛,于是联合元老攻击西园寺内阁的财政政策,西园寺公望不得不辞职。

7月第一届西园寺公望内阁解散。

第二届桂太郎内阁

1908年7月14日,第一届西园寺内阁由于财政政策方面的问题而解散后,桂太郎牵头组建了第二届内阁。下面从内政政策、政党建设、社会思想、对外政策四方面简单描述一下这届内阁的大事件。

桂太郎亲自担任大藏大臣,试图进行财政重建,却并未成功。1908年10月,明治天皇为了整顿日俄战争后混乱的社会秩序,向国民规范基本的道德标准,颁布了《戊申诏书》,并以此诏书为契机,发起了地方改良运动。1911年3月公布了《工厂法》,5月设立了"恩赐财团济生会",强化慈善事

---

① 交通通信大臣。

业,增进社会福祉。

在政党方面,内阁表面上倡导一视同仁,实际上鼓动宪政本党改革派与立宪政友会对立。宪政本党在1910年与又新会、无名会等联合成立了立宪国民党,要求扩充海军,发展钢铁工业,党内形成大石正巳(大石正巳おおいしまさみ)等改革派与犬养毅(犬養 毅いぬかいつよし)等非改革派的对立。1911年,桂太郎提出"情投意合"论,与立宪政友会达成妥协。

1910年5月,大逆事件爆发。大逆事件又称"幸德事件"①,4名社会主义者策划暗杀明治天皇的计划败露,政府以此为借口,秘密逮捕、审判并处决了以幸德秋水(幸德 秋 水こうとくしゅうすい)为首的大批社会主义者,同时清理了无政府主义者,严酷镇压工人运动。日本的社会主义运动由于这次大规模的镇压而受到严重打击,暂时走向低潮。1911年2月"南北朝正闰论"②逐步发展为政治事件。

在对外政策方面,1910年7月签订了日俄协约修订条约,8月与韩国签订《日韩合并条约》,正式吞并韩国,帝国主义政策在国际上徐徐展开。

但是,这个内阁不得人心,阁内也开始出现集体辞职的论调,1911年8月30日不得不宣布解散。

第二届西园寺公望内阁

前任内阁末期虽然提出了"情投意合"论,两党之间暂时有所缓和,但是,西园寺公望组织这一届内阁时,政友会党员原敬主导的政党势力与官僚派之间,一开始就采取了对立的姿态。经过一番争夺,内阁大臣中政友会占据3个席位,其他席位均被西园寺公望派系成员占据。

这一届内阁将行政整顿、财政整顿列为首要任务。这个方针被视为对帝国主义政策的修正,因此受到舆论的欢迎。1911年,中国爆发辛亥革命,本届内阁也在表面上做出了不干涉的姿态,政友会大获好感,在5月的总选

---

① 依据1908年开始实施的刑法第73条的规定,企图暗杀天皇、皇后、皇太子的行为被定为"大逆罪"。二战以前被定性为"大逆事件"的一共有四次,除了"幸德事件"之外,还有1923年"虎门事件"、1925年"朴烈事件"、1932年"樱田门事件"。但是,影响最大的还是"幸德事件"。

② 详细参见本书"10 南北朝动乱"。

举中赢得了221个席位。

正当行政、财政整顿计划顺利进行时,明治天皇突然去世。官僚派失去后盾,对政友会大获人心感到十分恐惧,深感危机,于是强硬地提出了"两个师团增设计划"(2個師団増設案)。内阁否决了这项提案,陆军大臣上原勇作(上原勇作)辞职。由于陆军拒绝推举继任的陆军大臣,1912年12月21日,不得不宣布内阁集体辞职。

这一次集体辞职的后果便是直接引发了第一次护宪运动。

第三届桂太郎内阁

第二届西园寺公望内阁倒台后,首相一职无人担任,元老会只好推荐了内大臣兼侍从长桂太郎。

立宪政友会的尾崎行雄(尾崎行雄)与立宪国民党的犬养毅共同发起了"宪政拥护会",在1913年2月的议会会议上表达了对桂太郎内阁的不信任。以此为开端,掀起了第一次护宪运动。这次护宪运动最终发展为暴乱,这一届内阁仅仅维持了3个月时间便宣布集体辞职。

桂太郎

桂太郎生于山口县,为长州藩士桂与一右卫门之子,1868年参加鸟羽伏见之战和戊辰战争,1870年赴德国留学,学习军事学和军工学,1873年归国后任陆军大尉,在山县有朋领导下从事日本军事近代化改革工作,被山县视为自己的得意门徒和接班人。

1875年任驻德国公使馆副武官,1878年任参谋局谍报提理,1884年2月16日随大山岩陆军卿出国,1885年5月21日晋升陆军少将,陆军省总务局长。1886年成为日本陆军第一任陆军次官,任中兼陆军省法官部长,兼军务局长。中日甲午战争时任第三师团长,1896年接替桦山纪资成为东京防御总督,1898—1900年任陆军大臣,1898年晋升陆军大将。

1901年第一次组阁,1902年2月27日升伯爵,兼内务大臣、文部大臣,在日英同盟、日俄战争、日韩合并等事件中起到了主要推动作用。1906年1月7日第一届桂内阁集体辞职,桂太郎任军事参议官,4月1日受大勋位菊花大绶章,1907年9月21日受封侯爵。

1907年7月14日第二届内阁首相兼大藏大臣。1911年4月21日升公爵,因为日俄战争而发行的外债本息已经超过年度预算的2倍,达10亿日元,而且日本未得到战争赔款,为了还本付息要再借外债。因此,扩军只能依靠增税,以及削减行政和财政支出。其结果是内阁和大藏省极力抑制陆海军的扩军预算要求,以致海军和陆军为争夺有限的预算资源再度发生争执,桂太郎不得不于1911年8月辞职。

明治天皇死后,山县有朋推荐桂太郎入宫担任内大臣,大正天皇病弱,毫无主政能力,完全听任桂太郎摆布,故桂被称为"躲在龙袖后面的人"。1912年12月,军部滥用特权,搞垮了政友会西园寺公望内阁,桂太郎第三次组阁,军阀官僚这种"非立宪行动"引起了广大民众的极大愤慨。民众以新闻记者、律师和资产阶级民主派为首,开展了要求实现政党内阁的护宪运动。桂太郎两次拿出天皇的诏书都无济于事,1913年2月终于被赶下台。10月10日去世,享年65岁。追授大勋位菊花章项链。桂太郎是日本大正时期9位元老之一。桂太郎担任首相时,正是日本飞速扩张成亚洲军事强国的时期。日本在1895年至1911年这段时间里,通过疯狂的侵略战争迅速成了亚洲的霸主;桂太郎也踏着中朝人民的血泪在16年的时间里由平民变成了公爵,他也是除了(被降为臣籍)皇族成员、旧公家和倒幕元勋外,唯一被授予公爵爵位的人。

▶▶▶ 西园寺公望

西园寺公望出生于1849年,父亲是京都清华家的德大寺公纯,兄长是明治天皇的近侍。4岁时过继给同为清华家的西园寺师季(西園寺師季)为养子,继承了西园寺家。年轻时,西园寺公望参加了"王政复古"运动,受到岩仓具视的赏识。

1871年,西园寺公望留学法国,与克里孟梭、中江兆民等人交好,接受了自由主义的思想。1880年回国后,与中江兆民等人合办了《东洋自由报》(『東洋自由新聞』),担任社长,投身到自由民权运动中。1882年,西园寺公望跟随伊藤博文出访欧洲,考察欧洲宪法及皇室制度。在欧洲得到伊藤博文的赏识,回国后在伊藤博文内阁中担任过文相、外相、枢密院议长等要职。

　　1900年,西园寺公望参与创建立宪政友会,甚至在第四届伊藤博文内阁时期为生病的伊藤博文代理过首相职务,在伊藤博文辞职后担任过临时首相。伊藤博文曾推举他为后继首相人选,但是西园寺公望拒绝了这个邀请,专心担任立宪政友会总裁,在松田正久、原敬等人的辅佐下,整顿摇摇欲坠的政友会,代表政友会对《朴次茅斯合约》表示了赞同。

　　西园寺自称是自由主义者,在法国留学时受到西方宪政制度的影响,成为亲欧美派,主张由众议院多数党组阁,称之为宪政之常道。松方正义死后,由于他是唯一的一位元老,故他的政治影响力上升。他以元老身份调整宫中事务、国务、军部。持续领导着日本的政治,在任文部大臣时,尝试更改"教育敕语",在昭和前期抵抗着军部的扩大,被军部等国家主义者责骂为"世界主义者",但他死后军部势力逐渐增强。

24 大正政变

狭义的大正政变是指从1913年(大正二年)2月,由前一年发起的第一次护宪运动(護憲運動)所导致的第3次桂太郎内阁的倒台。而广义的大正政变则涵盖从第2次西园寺内阁的集体辞职到第3次桂太郎内阁及第1次山本兵卫内阁时代。

▶▶▶ 增师问题和西园寺内阁的倒台

1912年(大正元年)11月陆相石本新六要求第二届西园寺公望内阁拨款5 000万日元以增设两个师团,被拒绝了。1912年(大正元年)8月,继任陆相上原勇向西园寺再次强烈要求增设两个师团。其理由是西伯利亚铁路复线的建成将使俄国远东兵力得到扩充;"日韩合并"后朝鲜反日民族斗争激烈,必须增置常驻部队。而当时的日本由于日俄战争和战后经营,外债累累,西园寺内阁正在进行行政、财政、税制的整顿。深感财政窘迫的首相西园寺三次请求陆军元老山县有朋出面斡旋,但均遭到支持扩军备战的山县的婉拒。

陆军之所以态度强硬,其中的重要原因之一是因为海军的扩充。当时的陆军以俄国陆军为假想敌,而海军则以美国海军为假想敌,竞相扩军备战。当时日本由于日俄协商改善了同俄国的关系,而因为围绕中国问题与美国的关系变得紧张;因此在扩充军备这一点上,当时的舆论更偏向于海主陆从的方针。同时,陆海两军之争还牵涉长州阀和萨摩阀两大派系的政治斗争。当时的陆军背后势力为长洲阀,元老的首领山县有朋为其靠山,势力范围覆盖官僚界、贵族院、枢密院、宫中等权力机构;而海军背后势力为萨摩阀,因其势力趋于式微,因此不得不与政党暗通款曲,展开合作。

当时西园寺内阁要求各省削减预算的10%,以此财源来推进减税、振兴产业和扩充海军等,如有剩余再用于陆军增师。但陆军认为这是西园寺内阁利用海军压制陆军,以此机会奠定政党内阁的基础,因此,陆军关于增师的要求始终不让步。

11月22日陆相上原在内阁会议上正式提出在朝鲜半岛增设2个师团的要求。由于政府财政困难,首相西园寺与内相原敬、法相松田正久协议后在11月30日拒绝了陆军的要求。陆相上原凭借帷幄上奏权于12月2日直接上奏大正天皇嘉仁,拒绝拖延增师案,并向天皇提出辞呈。陆军和西园寺内阁的对立公开化,即使作为元老的首领山县亦无法调停。根据1900年制定的军部大臣现役武官制度,只有现役的大将、中将才能担任陆海军大臣,而陆军拒绝再推荐继任陆相,因此内阁已无法存续。

12月5日,西园寺内阁集体辞职。12月6日,元老会议决定西园寺留任,但被西园寺拒绝。而陆军推荐的首相人选寺内,因为遭到舆论的反对而未被任用。元老会议又先后举荐了萨摩派元老、前首相松方正义,"萨摩派海军"的巨头海军大将山本权兵卫,山县系官僚平田东助等为继任首相,但被举荐者均知难而退,一时间首相人选成了难题。

▶▶▶ 护宪运动

从明治时代到大正时代,日本的政治一直由被称为"元老"(元老 / げんろう)的9位实权者所掌控。这9个人在倒幕运动中建立了功绩,并在此后的明治政府中发挥了巨大的作用。他们分别是山县有朋、井上馨、松方正义、西乡从道、大山严、西园寺公望、桂太郎、黑田清隆、伊藤博文。除去西园寺公望外,其余8名元老均是萨摩藩或长州藩出身。虽然法律上没有明确的条文规定,但他们手握决定首相人选的大权,形成了所谓的"藩阀政治"(藩閥政治 / はんばつせいじ)。

在这一时期,批判这种基于藩阀的寡头政治,崇尚基于明治宪法的立宪主义思想的民主政治逐渐兴起。

西园寺内阁集体辞职的消息一经传开,即刻在社会上引起了公愤,在反对增师的基础上,以打倒滥用陆军特权导致西园寺内阁垮台的门阀士族、实现责任内阁为目标的护宪运动扩展开来。12月13日,东京的记者、律师组成宪政振兴会。12月14日,由福泽谕吉创办的、代表实业家利益的交询社组成宪政拥护会,并吸纳了政友会的尾崎行雄和国民党的犬养毅加入其中。19日,该组织在东京歌舞伎座召开了第一次宪政拥护会议,发表了"阀族的横暴跋扈已至极点,宪政危机迫在眉睫。吾辈断不会妥协,根除阀族政治,以期拥护宪政"的宣言。

12月17日,在无人担任首相重任的困局下,内宫大臣、陆军大将桂太郎受命组阁,21日桂内阁成立。出身于警察官僚的大浦兼武为内相,而和财界关系深厚的殖民地官僚后藤新平为递信相兼铁道总裁。内阁成员还包括多名桂直系官僚。桂太郎采取海军扩充案,也和陆军增师案一样,需要召开国防会议来解决,而海军大臣齐藤实则反对,称"如若海军扩张费用无法通过的话则拒绝留任",但因桂向天皇请求发出诏敕而留任。桂太郎出任首相及内阁的组阁背后其实有长萨两阀及海陆两军的对立,此外还有长阀系的内部各派势力的博弈,随着政局的变化,这些争斗日益加剧。

1913年(大正二年)1月,宪政拥护会议在各地连续召开,深受日俄战争之后重税之苦的工商业者及城市民众也大量加入其中。1月20日,桂太郎宣布组建新政党——立宪同志会。桂太郎想组建的新政党是"对内奉行以皇室中心,对外实行帝国主义的国民的大政党",其目的之一是对抗政友会,排斥以众议院为中心的政党内阁,目的之二是抑制元老及军部的干涉,由政府主导积极推进帝国主义政策。新政党组建计划一公布,国民党的过半数和中央俱乐部成员全部加入了其中。但桂太郎估计的政友会分裂且有相当多的议员加入的状况并未发生,政友会除了两名成员被开除外并无人退党。由于新政党失去了一贯厌弃政党政治的山县的支持,山县系议员大多没有加入新政党。最终,众议院中新政党议员只有93名,桂太郎的计划并未达到预期效果。24日,在东京新富座召开了第二次拥护宪政会议,随后护宪运动在全国各地兴起,成了全国性的国民运动。

在此期间,立宪政友会和立宪国民党展开合作,以立宪政友会党员的尾崎行雄和立宪国民党党首犬养毅为中心积极展开活动。2月5日,在第30届议会上,政友会和立宪国民党对桂内阁提出不信任案,超半数议员署名,尾崎行雄弹劾桂首相"想以玉座为胸墙,以诏书为子弹来打倒政府",桂内阁陷入严重危机。为避免不信任案通过,桂下令休会5日,以期进行妥协工作。8日,桂太郎要求会见政友会总裁西园寺公望,要求其撤回不信任案,遭到拒绝。于是9日，天皇召见西园寺，并下达赦谕令，设法解决众议院的纠纷。同日，第三次拥护宪政会议召开。10日，西园寺辞去政友会总裁之职，政友会对此表示愤慨，并拒绝撤回对内阁的不信任案。同日，国会复会。情绪激昂的民众涌向国会议事堂，簇拥着250名护宪派议员，突破警察的警戒线冲入了会场。由于护宪派议员拒不撤回不信任案，桂内阁决定集体辞职。但根据程序，国会需要休会3天。

包围了议会的民众得知休会的消息后怒不可遏，纷纷冲入国会议事堂，将警察当成了泄愤的对象，政府系统的首都新闻报社、国民新闻报社和派出所也被打砸捣毁，立宪同志会骨干的居所也遭到袭击，被纵火焚烧，一时间东京都内充满了紧张的气氛，政府不得不出动军队镇压。

发生在东京的骚乱迅速波扩散到关西地区，且情况日益严重。大阪、神户、京都、广岛等地都相继发生了群众与警察之间的打斗，政府系统报社和新加入立宪同志会议员的宅邸遭到袭击，为平息骚乱，政府手忙脚乱，狼狈不堪。在群众运动的打击下，桂内阁败下阵来，与2月11日宣布辞职，史称"大正政变"。

在明治宪法下，在众议院占多数的政友会与立宪国民党联合，依靠城市群众运动，使内阁倒台可以说是空前绝后的。在桂内阁倒台后，由萨摩系的海军大将山本兵卫出任首相。山本为得到政友会的支持，承认了以政友会的主张为内阁的施政方针，除首相、陆相、海相、外相以外，其余内阁成员均由政友会推任或加入政友会。由此政友会亦做出让步，不再以"新内阁只不过是萨阀代替长阀"来反对组阁。而另一方立宪国民党则对山本内阁采取中立态度，因不满政友会的妥协，而与政友会断绝了关系。政友会内部也因部分成员不满对山本内阁的妥协而退党，随后由积极推行护宪运动的尾崎行雄和交询社的部分议员组建了政友会俱乐部。至此，护宪运动发生分裂，立宪国民党和政友俱乐部就成了之后的护宪运动的引领者。

虽然护宪运动由于政友会的妥协而产生了分裂，但准政党内阁总算组建成功。新内阁为了政局的稳定采取了相对宽松的执政政策。而通过护宪运动，群众对政治的关注度得以提高，这深刻影响了后来的各种群众运动。同时受护宪运动的影响，各地方城市青年也纷纷自发组成各种团体参与到市政改革中，为之后兴起政治结社热潮奠定了基础。

25 政党政治的发展

在第一次世界大战前后,日本曾经历一次民主运动的高潮,20世纪50年代以后它被称作"大正民主"(大正デモクラシー)。所谓"大正民主",指的是以大正时期(1912—1926年)为中心,出现了新思潮的兴盛、社会运动的活跃化及政党政治的发展等现象。其中,第一次世界大战后的1924年到1932年期间,以议会为基础的政党内阁延续了七代,当时被称为"宪政之常道"(憲政の常道)。

▶▶▶ 政党政治的萌芽(1875年"爱国社"成立——1900年藩阀与官僚共同执政)

明治维新后的自由民权运动孕育了日本最早的政党。明治维新后中小资产阶级兴起,反对藩阀专政,要求政府设立民选议院的呼声日益高涨。在此背景下,1874年1月,板垣退助、后藤象二郎等建立了爱国公党,但不久后解散。同年4月,板垣退助又与片冈健吉等创立了立志社。1875年2月,在该社的基础上成立了爱国社(1880年3月改称为国会期成同盟)。19世纪80年代后,为在政府开设国会后参政,中小资产积极组建政党。1881年10月,国会期成同盟等组织改组为自由党,板垣退助为党首。以大隈重信为党首的立宪改进党于1882年4月宣告成立。这两个政党的成立标志着日本正式出现了组织形态较为完备的政党。

1884年10月,自由党宣告解散。1980年1月,大井宪太郎等重组自由党。同年河野广平等组建大同俱乐部,板垣退助等成立爱国公党,并在该年9月,三党合并组成立宪自由党,1981年改称为自由党。1986年,立宪进步党与几个小党合并改组为进步党。1898年6月,自由党与进步党合并为宪政党,组成了大隈重信为首相、板垣退助为内务大臣的"隈板内阁",该内阁为日本历史上第一个政党内阁。但在该内阁执政 4 个月后,就因旧自由党系和旧进步党系争夺内阁官位而发生分裂。旧自由党系继续使用宪政党的名称,旧进步党系改称宪政本党,后来又改组为宪政会。经过多次改组,这两个政党分别嬗变为第二次世界大战前日本的两大资产阶级保守党——立宪政友会和立宪民政党。随着隈板内阁的倒台,日本政党政治进入第二个发展阶段。

▶▶▶ 政党政治的形成(1900 年"桂园时代"——1918 年一战结束)

这一时期是日本从官僚专制体制向政党内阁体制的过渡时期。1901 年 6 月至 1913 年 2 月,元老山县派的藩阀官僚桂太郎与在众议院多数党政友会的西园寺公望轮流执政,史称"桂园时代"。

然而,这种过渡式的稳定并未延续多久,1912 年(大正元年),日本政局也开始动荡。第二届西园寺内阁因陆军提出增设两个师团的要求而下台后,出现了要求"打破阀族""拥护宪政"的第一次宪政拥护运动。根据明治宪法规定,首相由天皇提名,最终人选由元老们商议确定,而此时,人们开始要求实现应由多数党推举首相的"宪政之常道",迫于这种社会压力,1913 年初,西园寺的继任者、陆军出身的桂太郎领导的第三届桂内阁也在短短 50 多天后下了台,史称"大正政变"。

桂内阁倒台后,在西园寺的推荐下,萨摩藩出身的海军大将山本权兵卫与政友会共同组阁,此次组阁也导致了政友会的分裂。其中原敬、松田正久、元田肇等入阁,而认为此次组阁意味着放弃拥护宪政运动的基本宗旨,是对藩阀势力的妥协。尾崎行雄等宪政拥护派脱党,另组政友俱乐部,而立宪国民党也与政友会断绝合作。但在强大的舆论压力下,山本内阁不得不采取怀柔政策,尤其是扩大了各省次官等文官的任用范围,开录用政党成员为政府官员之先河。然而,1914 年初,海军要员接受西门子公司的贿赂——"西门子事件"(シーメンス事件)引爆了政治危机,再次发生了政变。受其冲击,山本内阁集体辞职。4 月 16 日,大隈重信以立宪同志会为基础组建了第二届大隈内阁。3 个月后,第一次世界大战爆发。

世界大战一方面推动了日本的政党政治,而另一方面又对政党政治的发展有暂时性的抑制作用。一战中,日本在对外政策方面分为两大派系:以外相加藤高明为代表的一派主张加强英日同盟派,以元老山县有朋、井上馨为代表的另一派则主张在加强英日同盟的同时加强日俄同盟,前者主张对中国使用武力,而后者主张对中国的当权者采取怀柔政策。主导参战外交工作的第二届大隈重信内阁外相加藤高明本就是立宪同志会总裁,他一直试图将元老排挤出决策层。而仓促的参战决定和对华"二十一条"要求导致日本与中国,甚至与英美两国的关系恶化,在野党和元老抓住内阁在外交上的问题不放,发动猛烈攻击。其实在野党和元老的责难并不是批判对华政策的帝国主义侵略性,而是攻击内阁手法不高明,缺乏自主性而已。

1916年5月到6月,政友会总裁原敬、同志会总裁加藤高明、立宪国民党总裁犬养毅连续三次举行首脑会议,在外交和国防两大问题上达成"通力合作,不容其他势力干涉"的共识,旨在对抗元老及藩阀势力,确立政党政治。

大隈内阁被元老、贵族院、在野党群起而攻之,在大战时"举国一心"的氛围中,长州藩阀、陆军出身的寺内正毅当上了首相,1916年10月9日,寺内组成了摒弃政党而以官僚为中心的内阁。护宪运动后,一度出现了山本内阁、大隈内阁等有政党参与的内阁,而寺内内阁的出现,标志着日本又回到了藩阀、军部、官僚内阁时代。

大战末期的经济危机引发了群众抢夺粮食的暴动——"米骚动"（米騒動）和各种劳工运动,结果,政友会总裁原敬获得提名,成为史上首位拥有众议院席位的首相。原敬是一个没有爵位的政党人士,且其内阁阁僚除陆、海军大臣和外交大臣外均是政友会的成员,可以说该内阁是日本有史以来第一个真正意义上的政党内阁。

▶▶▶ 政党政治的发展和崩溃(1918—1932年)

原敬内阁成立后在确立政党政治方面做出了一系列的努力,主要包括以下内容:

(1) 修改文官任用令,以限制官僚对政党的控制,扩大政党任用高级官员的权限。

(2) 修改殖民地总督官制,改武官制为文官制。

(3) 在海军大臣加藤又三郎出席华盛顿会议期间,原敬亲自担任临时海军大臣执行事务管理,其用意是为军部大臣文官制做准备。

原敬内阁还大力推行充实国防、振兴教育、奖励产业、整备交通"四大纲领",修改选举法案,将选举权的资格由纳税10日元降为3日元,这些举措获得了资产阶级的支持。但原敬拒绝普选,认为普选会导致内乱甚至亡国。而宪政会、立宪国民党、新政会及无所属团体则组成全国普性选联合会,主张完全废除按纳税额度确定选举资格的规定,20岁以上的人均可拥有选举权及被选举权。其后爆发了多次要求普选的集会和游行,但原敬仍持反对普选的态度。为此他在1920年2月26日解散议会,目的是想在解散议会后的大选中获得过半数席位。政友会果然在之后的大选中获胜,且在其后的议会会议中否决宪政会和立宪国民党提出的普选法案。

1921年11月4日,为出席政友会的近畿大会,作为政友会总裁的首相原敬在动身前往东京火车站时遇刺身亡。藏相高桥是清于11月23日组阁,并兼任藏相,其余阁僚全部留任。11月24日,高桥被推选为政友会总裁。但高桥内阁仅维持了7个月便因政友会内部的斗争而集体辞职。

在原敬、高桥是清这两届政党内阁之后,由于政友会和宪政会两大政党的斗争,政党内阁中断。此后一段时间虽然仍是官僚内阁长期当政,但社会对于"宪政常道"的期待从未终止。1924年1月,以贵族院为基础的第三届官僚内阁(清浦奎吾内阁)成立后,爆发了要求实施普选、确立政党内阁制的第二次护宪运动。

在此背景下,1924年5月,第十五届众议院举行选举,宪政会成为第一大党,其政党领袖加藤高明被提名为首相,与一同掀起护宪运动的政友会、革新俱乐部组建了"护宪三派"内阁(第一届加藤高明内阁,1924年6月—1925年8月)。然而,护宪内阁并非要组建严格意义上的政党内阁,陆、海相仍是现役军人,外相也不是宪政会成员,但是,它作为议会中的第一大党组阁,开启了政党内阁与政党政治之先河,标志着日本进入了政党政治时代。直到1932年犬养毅去世为止,一直由议会中的多数党——政友会及1927年由宪政会和政友本党合并而成的民政党轮流执政。这一时期史称政党内阁或议会政治时期。

护宪内阁上台后,开始推行普选,自1928年的第16届大选以来,男子普通选举制的实施也为被称作"无产政党"的社会民主主义政党提供了表现的空间。

不过,日本的政党政治在第一次世界大战后受到1929年爆发的世界经济危机的严重影响,遭遇了逆流。陆军先头部队于1931年制造"九一八"事变后,考虑需要发动大决战,此前已经逐渐认同政党政治的陆海军开始强烈抵制政党政治的进一步发展和国际裁军的推进,为了拉拢国民而大肆展开毫无遮掩的反向宣传,公开否定政党政治。在政党与军队的矛盾不断升级的背景下,1932年5月15日,政党首相犬养毅在其官邸被现役军人集团暗杀,史称"五一五事件"。"五一五事件"直接导致日本的政党政治终结。

后来,1936年又发生了"尊皇讨奸"的军事政变,史称"二二六事件",日本偏离了"宪政之常道",逐步走上了法西斯专制的道路。

26　昭和初期的外交

　　昭和是日本年号中使用时间最长的。整个昭和时期的历史,以二战战败为分界点,划分为两个部分,而这一时期日本的外交阶段划分也是如此,分为昭和初期外交和昭和中后期外交,即战前外交(1926—1945年)和战后外交(1945—1989年)。昭和初期,日本走上了军国主义的道路,先后发动了侵华战争和太平洋战争,使许多国家深受其害的同时,也给日本带来了毁灭性的灾难,而这一时期的日本外交主要围绕着其在中国的扩张和在东南亚、南太平洋的扩军备战及战争进行。

▶▶▶ 退出国联

　　一战后,为了保全在中国和太平洋地区已经攫取的各项利益,日本一直在亚太地区进行侵略扩张。但由于在华盛顿会议上签订了《海军裁军条约》,一战后的日本无法实施海军造舰计划,军部对此大为不满,但面对美国的强权日本也无可奈何。这一时期,在日本的外交策略中占主导地位的是外交大臣币原喜重郎的"协调外交"。所谓的"协调外交",就是指在不损害日本的海外权益的前提下,谋求与英美的相互妥协。但随着日本独霸中国和太平洋地区的扩张欲望无限膨胀,这种"协调外交"逐渐被蛮横介入的"强硬政策"所替代。

　　在此政策的主导下,日本在中国不断挑起事端,干涉中国内政。1929年10月,爆发了世界性经济危机,为了摆脱经济危机带来的严重后果,日本急于通过对外侵略扩张来缓解国内矛盾。1931年9月18日,日本发动了入侵中国的"九一八"事变,拉开了日本侵华的序幕,也打破了华盛顿体系下日美之间的平衡,颠覆了欧美列强实施对华政策之门户开放的原则,因此除了苏联发表声明称无意干涉日军行动外,欧美大国纷纷发起抵制。

"九一八"事变爆发后,中国政府便向"国际联盟"提出公诉。1933年2月24日,"国际联盟"举行总会,通过决议案,宣布日本发动"九一八"事变的行为为侵略行为,要求日本限期从中国撤兵。对此,日本代表松冈洋右当即发表反对意见,并率日本代表团退场。日本军部对"国际联盟"不满,1933年3月27日,日本政府正式发表声明宣布退出"国际联盟",并于1934年12月29日通告美国:自1936年12月31日后,日本自行废止《限制海军军备条约》。

▶▶▶ 日德意防共协定同盟

随着日本国内法西斯势力的不断扩张,1936年3月成立的广田内阁已经完全沦为军部的傀儡。8月,广田内阁制定了《国策基准》,强调"在确保帝国在欧亚大陆地位的同时,向南方海洋扩张发展"的"北守南进"方针。为此"要整备国防军备""陆军军备以能够对抗苏联在远东使用兵力为目标""海军军备足以确保针对美国的西太平洋制海权所需的兵力"。同时,在首相、陆相、海相、外相组成的四相会议上还通过了《帝国外交方针》,在扩张势力的同时,力求增进日美关系,调整日英关系,"根据必要,实现日德合作""以牵制苏联"。

1936年11月25日,日本与纳粹德国签订了《反共产主义协定》。这是日本在日英同盟解体后,多番考量之后做出的重大抉择。1937年,随着意大利的加入,法西斯轴心国集团形成。

1939年,德国入侵波兰,英、法两国对德宣战,第二次世界大战全面爆发。英、法、荷等国家无暇顾及其东南亚的殖民地。为获得这一地区的重要战略物资,1940年7月,近卫内阁决定武力南进。而日本的南进还有一个重要目的,那就是切断中国与英美联系的国际通道,逼迫蒋介石投降。

1940年,日、德、意三国在柏林签订了《德意日三国同盟条约》。约定任何国家攻击缔约国中的任何一国,其他两国都将对其发动攻击。日本承认并尊重德、意两国在"欧洲新秩序"中的领导地位,而德、意亦尊重并承认日本在"大东亚秩序"中的领导地位。

▶▶▶ 美日矛盾的不断加剧

"九一八"事变后,美国虽奉行"不承认主义",但仍未对日本采取果断行动,主要原因在于美国的孤立主义与绥靖思潮。一方面,从中立立场出发,美国对日本的侵略行为给予警告和道义上的谴责;另一方面,美国竭力避免日美关系僵化,防止日本对其在东南亚和南太平洋地区的军事基地进行攻击。因此,这一时期日美间贸易依然频繁。

直到1939年大半个中国已落入日本之手,且日本南进东南亚的态势日益明朗之时,美国才通告日本《美日通商通航条约》及《附属协议书》自1940年1月26日起失效,并在之后加强了对日经济制裁的力度。

为摆脱美国的制裁,日本利用1940年6月德国横扫欧洲,法国投降的契机,以及直接控制东南亚的石油资源的优势,在大本营会议通过了《伴随世界形势演变的时局处理纲要》,谋求通过武力或外交手段实现南进目标,并提出"在使用武力时,努力将交战对手局限于英国","也不回避对美开战"。

日本的图谋并非未引起美国的警觉,当时美国的罗斯福政府推行以援助英国为重点的欧洲优先方针,在备战的同时也试图通过外交谈判推迟美日战争的爆发。然而,美日双方都只是把谈判作为掩护战争准备的手段而已。从1940年至1941年11月,虽经过多次谈判,但双方分歧严重,谈判最终走向破裂。

在谈判的同时,1941年7月2日,日本御前会议通过了一项《帝国国策纲要》,决定"跨出南进的步伐""不惜对英美一战"。

同年8月,美国宣布全面禁止对日本出口石油和钢铁,并任命麦克阿瑟为驻菲律宾美国远东陆军总司令。9月6日,日本御前会议决议秘密对美开战。11月4日,陆海军最高参谋会议确定了对美作战的最后日期。

12月7日清晨7时50分,日本联合舰队对珍珠港的美国太平洋舰队发起了一轮攻击。半小时后又开始了第二轮攻击。两轮攻击后,珍珠港基地浓烟四起,美国太平洋舰队几乎全军覆没,只有其主力航母"企业"号当时正处于从威克岛返航的途中,由于遇到恶劣天气影响没有按预定时间返港而逃过一劫。

12月8日,美国对日宣战。英国在同一天对日宣战(宣战时间早于美国)。随后,澳大利亚、新西兰、加拿大等国陆续对日宣战。

太平洋战争初期,因为日本战前制订的周密计划,而英美将主力放在欧洲战场,日军一度横扫东南亚。但自1942年6月,美国海军在中途岛海域大败日军后,战争形势发生扭转,美国夺取了太平洋上的制海权和制空权。

1943年4月18日,因被美国海军截获电报,策划偷袭珍珠港的头号人物——日本联合舰队司令山本五十六在乘机前往前线视察的途中,飞机被击落。山本的死亡沉重地打击了日军的士气。

1944年6月起,美军轰炸机开始持续大规模轰炸日本本土。7月18日,日本首相东条英机被迫辞职。1945年美军攻占菲律宾、硫磺岛、冲绳岛,彻底摧毁了日本本土的外围防线。

1945年7月26日,美、英、中发布敦促日本无条件投降的《波茨坦公告》。然而在29日,日本正式拒绝了《波茨坦公告》。

同年8月6日8时15分,美军在日本广岛投下第一颗原子弹。同日,美国总统杜鲁门发表关于原子弹的声明,要求日本立即投降,但仍遭到日本的拒绝。

8月8日,苏联对日宣战。翌日,苏军向中国东北地区的日本关东军发动进攻。同日上午11时30分,美军在长崎投下第二颗原子弹。

8月10日,日本向美、英、中、苏发出乞降照会,表示接受《波茨坦公告》,但要求保留天皇地位。

8月15日,日本天皇裕仁通过电台亲自宣读《停战诏书》。9月2日,停泊东京湾的美国战列舰"密苏里号"上举行了日本投降的签字仪式,日本外相重光葵、参谋总长梅津美治郎分别代表天皇、政府和大本营签署了《日本无条件投降书》。至此,日本军国主义发动的侵略战争以彻底的失败而告终。

纵观日本昭和初期的外交,主要配合"攻占中国东北,侵吞全中国,进军南太平洋,吞并东南亚"这一方针而展开,因而中日矛盾和美日矛盾成了这一时期的两大主题。日本的侵华战争,不仅受到中国人民的顽强抵抗,也使日本在国际社会遭到孤立。逐步升级的侵华战争和拉拢德、意,建立法西斯轴心国主导的世界新秩序的行动,进一步刺激了美国,激化了美日矛盾。太平洋战争的爆发标志着美日矛盾的全面升级,最终"大日本帝国"覆灭。自此,一战后跻身世界强国之林的日本国际地位一落千丈,其影响延续至今。

27 军部势力的抬头

　　日本军部主要由政府中的陆军省和海军省、陆军最高指挥部参谋本部、海军最高指挥部军令部等构成,是日本对外发动战争的军事指挥枢纽,独立于政府、议会之外,直接对天皇负责。二战前的日本军部,是在明治维新后伴随军事近代化组建起来的。根据1889年颁布的《大日本帝国宪法》规定,天皇总揽统帅权,并赋予军令长官"帷幄上奏权",即凡有关军令事项,可以不经过内阁直接上奏天皇,由天皇裁决。这就是一战前日本盛行的"统帅独立原则"。从法律角度来说,只有天皇能够管辖军部,但近代天皇并不亲政,因此,陆、海军名义上直辖于天皇,实际上无所约束,自成中心。

▶▶▶ 一夕会、樱会的成立与军部法西斯化

　　政党政治时期,日本社会形成了社会团体结社和活动频繁的特殊环境,不同的政治派别和团体都在寻找日本的发展方向。一战后的经济大萧条导致日本国内经济衰退,局势动荡,政府的无能、腐败,以及不断的党争使政党政治走到了尽头。在这种情况下,以军人为核心的极右翼法西斯势力凭借其主治能力、社会影响,特别是寄生于天皇制而取得的各种权力,逐渐成了引导社会思潮的力量,追随法西斯军人成了民间法西斯团体的最终选择。其结果就是军部、右翼团体、日本社会的主流思潮被极端的法西斯势力所控制。

　　日本军部法西斯化的起点是1921年三名赴德国考察的军官永田铁山、小畑敏四郎、冈村宁次在莱茵河畔的巴登巴登温泉聚会,订立了归国后全力推动消除派阀、改革军制、加快军队现代化的盟约。随后东条英机也参与其中,形成了以少佐为中心的法西斯少壮派军官核心集团,即"巴登巴登集团"。1922年,永田铁山回国,经常在东京法国餐厅二叶亭与士官学校第

27 军部势力的抬头

15—18届毕业生聚会,形成了日本第一个军人法西斯团体"二叶会"(二葉会),其成员还包括小畑敏四郎、冈村宁次、东条英机、板垣征四郎、土肥原贤二等,这些人后来均成为军内高级的昭和军阀骨干、扩大侵略战争的狂人。1927年,陆军参谋本部的军官石原莞尔、武藤章等也效仿"二叶会",组建了由少壮派军官组成的法西斯团体"木曜会"(木曜会)。1929年,两会合并为"一夕会"(一夕会),是军内最大的法西斯团体。

一夕会有成员40余人,制定了基本行动纲领,主要内容为:推进陆军人事改革,重建纯正的陆军。石原莞尔在1927年所著的《现在及将来的日本国防》为日本军部发动侵略战争提供了理论依据和战略构想,对一夕会成员颇有影响。

1930年9月,参谋本部炮兵中佐桥本欣五郎、陆军步兵中佐坂义郎和警备司令部参谋步兵中佐樋口季一郎创建了"樱会"(桜会),成员多达150余名,主要为中佐以下、大尉以上军官。樱会以"建立以天皇为中心的国政为目标",并"为此不惜使用武力"。此后,该组织与民间法西斯团体勾结,制造了一连串的暗杀、政变等恐怖事件。

▶▶▶ "五一五事件"

随着军部的日益法西斯化,军部越来越将政党内阁视为对外武力侵略的障碍,决定甩开内阁,单独行动。自1928年以来,日本关东军在中国策划暗杀张作霖、"九一八"事变、占领东北、扶植溥仪建立伪满洲国等多起事件,打破了华盛顿体系框架下美日之间的均势,对政党内阁的"协调外交"方针形成了巨大的冲击。起初内阁对关东军的莽撞行动表示不满,并对军部势力进行某种程度的抵抗,但在军部的步步紧逼下,内阁态度愈加软弱。然而,法西斯军人仍旧对政党内阁的存在感到碍手碍脚,必欲除之而后快。

1938年5月8日,犬养毅在政友会关东大会上发表了拥护议会政治演说,强调否认现行的极左和极右的政治组织。5月10日,民政党也发表了"关于确立议会威信"的宣言,指出:"宪政实施已有四十余年……现在想破坏宪政等于是轻举妄动,为了国家一定要时刻戒备这个。"两大政党的言论,加重了军部的不满。一些青年将校企图以暗杀手段破除政党,肃清君侧。

法西斯军官开始策划结束政党政治的暗杀事件。

1932年5月15日,以海军少壮派军官为核心的法西斯军人和民间法西斯团体联合发动了流血政变。首相犬养毅在官邸中被刺杀,内大臣牧野伸显的府邸、政友会总部、警视厅、三菱银行、东京变电所等多处遭到手榴弹袭击。法西斯分子还在沿途散发《告国民书》,宣称他们是为"拯救国家,清君侧"。政变行动很快就被挫败,但在荒木等军部首脑人物的包庇下,政变分子被描绘成了"忧国忧民的英雄人物",而全国各地同情凶手的民众发起要求法庭从轻发落的请愿书签署活动。更有甚者,新潟县的11位年轻人给法庭寄了一份求情书,请求代替11位受审军官赴死,同时附上11根手指表示他们的决心。

每一次的公开审判都成了法西斯分子们宣传其主张的机会,经过报纸杂志的炒作,煽动起法西斯主义狂潮。"五一五事件"后,失去了首相的犬养毅内阁集体辞职。由于陆军反对组建政党内阁,元老西园寺与军政要员反复商议后,推荐温和派的退役海军大将斋藤实为继任首相,以减轻军部的不满。西园寺原本打算让斋藤实内阁发挥一种过渡作用,待局势稳定后再恢复政党内阁。然而,斋藤实内阁发展成了一个由军部、贵族院、政党、官僚等各种利益集团代表所构成的所谓的"举国一致内阁"。斋藤实内阁是日本自昭和时代开始的第一个非政党内阁,它既标志着日本政党内阁时代的结束,也象征着日本开始进入准战时体制。

▶▶▶ "二二六事件"

在这一时期,军部内部因为意见分歧,形成了激进派和渐进派两种势力。两派都主张实行军事法西斯政权,并对外进行侵略扩张,但在行动方式上存在着分歧。激进派强调"先内后外",以不惜动用一切手段的内部"国家改造"带动对外侵略,后来演化为"皇道派"(皇道派)。而渐进派后来演化为"统制派"(統制派),主张"先外后内",即通过扩大侵华战争以加速国内的法西斯化进程。

皇道派以陆军士官学校毕业的校尉级青年军官为骨干,陆相荒木贞夫、教育总监真崎甚三郎是该派核心人物。皇道派本非陆军主流派系,因此其

27 军部势力的抬头

一直图谋获取长洲藩阀垄断的陆军人事权。皇道派打着尊王的旗号,宣扬皇道、皇国、皇军,企图利用天皇的权威,通过昭和维新,实现其目标。

1931年12月,荒木贞夫就任陆军大臣后,成了皇道派的后台,在其出任陆相期间,不断提拔本派军官,革新军内人事。

1934年1月,荒木贞夫辞职后,统制派取代皇道派,在陆军中取得了绝对支配权。统制派的骨干力量是将校级高级军官,他们大多出身陆军大学,承袭了长洲藩阀在陆军中的领导地位。其核心人物是曾四度出任陆相的宇垣一成,林铣十郎、石原莞尔、永田铁心、东条英机、渡边锭太郎是其主要成员。1934年荒木贞夫辞职后,由林铣十郎大将接任陆军大臣。统制派中坚人物永田铁山被其提升为陆军省军务局长和少将,这是仅次于陆军大臣和次长的实权职位。至此,统制派取代皇道派,确立了对陆军的绝对支配权。

在执掌大权后,统制派不断寻找机会打击皇道派。而皇道派也不甘坐以待毙。1934年11月,皇道派成员村中孝次、矶部浅一、片冈太郎等因图谋发动政变而被捕开除军籍。此即历史上的"11月事件"。1935年7月,陆军大臣林铣十郎借人事调整之机,免去了皇道派头面人物真崎甚三郎的陆军教育总监之职,由渡边锭太郎接任。真崎下台后,皇道派与统制派的关系进一步恶化。皇道派少壮军官把矛头指向了永田铁山。

1935年8月,皇道派军官相泽三郎中佐径直闯入陆军省军务局长办公室,用军刀砍杀了永田铁山,此即"相泽事件"(相沢事件)。相泽事件之后,统制派幕僚军官为了打击皇道派的嚣张气焰,于1935年12月趁陆军人事定期调整之际,把第1师团长、铁杆皇道派成员柳川平助调往台湾,并将驻守东京长达30年之久的第1师团调往东北。第1师团是皇道派的大本营,这一决定无异激怒了皇道派的少壮军官,促使他们铤而走险,制订了主要针对统制派的刺杀计划。

12月26日凌晨5时,大尉香田清贞、安藤辉三、河野寿、野中四郎、中尉栗原安秀等20余名青年军官带领千余名官兵,从第1师团驻地出发,分头奔向刺杀目标。

中尉栗原安秀率领第1联队机关枪中队约360余人执行击杀冈田首相的计划。这个中队于26日晨4时30分出发,5时到达首相府。暴乱士兵冲进官邸大厅,将抵抗的警卫射杀,但他们误将首相冈田的妹夫兼秘书松尾传藏讹作冈田本人,开枪将其打死。冈田因躲进女仆房间的壁橱而侥幸逃过了刺杀。

由中尉长坂井直指挥的200余人袭击内大臣斋藤实的住处,斋藤身中47弹身亡。打死斋藤实以后,激进分子闯入教育总监渡边锭太郎府邸,举枪自卫的渡边锭太郎被枪杀,并被砍下了头颅。财政大臣高桥是清在其府邸被由中尉中桥基明率领的百余乱兵枪杀。

刺杀元老西园寺公望和前内大臣牧野伸显的计划没有实现。由于西园寺是明治维新以来仅存的一位元老,享有很高的威望,许多政变士兵不愿加害于他;带队的板垣中尉也不愿意执行这一任务,见部下拒绝从命,便取消了这一行动。而前内大臣牧野伸显在警卫人员的掩护下逃脱。

5时半许,余下的700余乱兵按计划占领了首相和陆相官邸,陆军省、参谋本部、警视厅等要害部门,并在赤坂的山王饭店设立了指挥本部。接着,政变部队派代表前往陆相官邸,要求川岛陆相向天皇转达兵变的主张和愿望,严惩统制派将领,组建以真崎甚三郎为首相的军人内阁,推行"国家改造",承认兵变的合法性。政变部队还四处散发反映他们注重"国家改造"的主张和要求的《崛起宣言书》,寻求民众的支持。

26日清晨,兵变指挥者香田清贞将《崛起宣言书》交与陆相川岛。当天下午2时许,川岛在宫中召开军事参议官、三总部主要负责人、皇族代表会议。下午3时30分,向起事部队下达了有利于兵变部队的《陆军大臣告示》。兵变部队以为他们即将大功告成,而实际上参谋本部的镇压计划正在悄悄实施。

27日凌晨,因兵变犯上而恼怒的裕仁天皇决定发布戒严令,授权警备司令若兵变士兵抵抗即武力镇压。围绕着对兵变士兵的处理,陆军上层皇道派与统制派势力各怀鬼胎,而海军方面在第一时间就定下了镇压兵变的方针。28日,在天皇的一再催促下,犹豫不决的陆军终于下定决心镇压。29日下午2时,兵变部队投降。

7月5日,军法会议判处在兵变中起领导作用的矶部、香田等14名军官死刑,其余参与兵变的20余名青年军官分别被判处年限不等的徒刑。

"二二六事件"后,在军部上层,在寺内寿一主持下,统制派也趁机进行了大规模人事"整肃"。荒木、真崎和川岛陆相被迫退役,所有倾向于皇道派的军官均被从陆军核心部门清除出去。至此,统制派彻底掌握了陆军实权,确立了对陆军的绝对控制。

"二二六事件"后傀儡政权广田弘毅内阁被扶持上台,广田内阁接军部的意志确立施政方针并改组国家机构。首先,规定内阁中的陆海军大臣必须由现役中将以上的军人担任,加强了军部力量,使内阁成为军部的工具。同时,确立了对外侵略方针,由内阁召集首、陆、海、外、藏等五相会议,制定了《国策基准》。其核心内容是:"依靠外交和国防,确保帝国在东亚大陆的地位,同时向南方海洋发展。"这样一来,日本对外侵略扩张政策在法律上就得到了认可。在广田内阁时代,军部可以全面改组并控制政府,推行自己的施政纲领,国家的权力和内外政策已从属于军部法西斯。正因为如此,广田内阁的组建就意味着日本军部法西斯体制的确立。

28 思想言论的控制

随着日军侵华战争的扩大,英美等国的在华利益亦受到损害,美日矛盾日益突出,日本政府逐渐陷入进退维谷的境地。面对日益恶化的国际形势,日本政府不得不把眼光转向国内,以期榨取国民的每一滴血汗,调动每一位国民为侵华战争赋能。为此日本政府加紧建立国家总动员,加强了对国民的思想言论的控制。1935年发生的"天皇机关说"事件则集中反映了这一点。

▶▶▶ "天皇机关说"与"国体论"

"天皇机关说"(天皇機関説)是在明治时期《大日本帝国宪法》下确立的宪法学说,在日俄战争后,扛起该学说流派大旗的是著名的自由派宪法学者、东京帝国大学美浓部达吉教授。美浓部在肯定天皇是统治权的最高权源的基础上,强调统治权属于"法人"的国家,天皇只是作为国家的最高机关而行使统治权,因而天皇的权力应受到宪法的制约,而非绝对无限的。美浓部的这一学说使得议会的作用增强,也成了政党政治的理论基础。但是,随着法西斯势力的抬头,日本的军部和法西斯团体要扼杀政党政治,建立以天皇为核心的天皇制统治体制,"天皇机关说"就成了他们的绊脚石。他们认为这一学说损害了天皇的尊严,违反了日本国体,于是发起了对"天皇机关说"支持者的围剿。

1935年2月,在贵族全体议会上美浓部用宪法学理论进行抗辩演说,其有理有据的抗辩在现场赢得了掌声,但这并没有阻止皇道派及右翼团体对"天皇机关说"的攻击。美浓部的抗辩演说被报纸报道后,反而遭到了攻击。3月,众议院发布《有关国体的决议》,宣称"明徵国体本意,人心归一乃目前最大的要务";要求"政府对与我崇高无比国体不相容的言论,必须立即采取断然措施"。4月,黑龙会、在乡军人会等140余个民间法西斯团体要求政府给校方施加压力,要求罢免美浓部及其支持者公职。在陆军大臣的要求下,4月9日美浓部被警察调查,紧接着其著作也被禁止发行,他还被扣上了"学匪""逆贼"的帽子,最后被迫辞去了贵族院议员之职。甚至其老师、"国家法人说"作者、枢密院议长一木喜德郎等也受到牵连。第二年,美浓部被右翼暴徒枪击,身受重伤。

迫于法西斯势力的压力,1936年8月,冈田内阁不得不发表政府声明,颂扬源于建国神话的"国体论"(国体論),说:"我国之国体,以天孙降临之际,神敕所明示者为据,万世一系之天皇统治之国。""若此统治权不在天皇,而认为天皇乃行使统治权的机关,则完全违背了我国为万邦无比之本义。"同年10月,政府又发表第二次声明,再次强调"天皇乃我国统治权之主体",此乃"国体之本",是"帝国臣民决不可动摇之信念"。"随意援引外国事例比拟我国国体,以为统治权主体非天皇而是国家,天皇是国家机关等所谓天皇机关说违背了我神圣之国体,其歪曲国体本义无以复加,必须严加芟除。政教及其他百般事项,要基于万邦无比之我国体本义,并显扬其真髓。"

1937年3月,文部省教育局向全国学校和社会教化团体刊发了《国体本义》,首次以政府教育部门的名义阐释了《教育敕语》中关于"国体论"的标准含义,"大日本帝国由万事一系之天皇奉皇祖神敕而永远统治,是我万古不易之国体",批判"天皇机关说"是对西洋思想不加批判地引入而造成的,是一部分受到西洋思想影响的知识分子鼓吹的坏风气。至此,大正民主运动的理论支柱之一"天皇机关说"被彻底镇压,"国体论"等宣扬天皇绝对权威的谬论大行其道,日本法西斯体制理论的基础被树立起来了。

▶▶▶ 国民精神总动员

侵华战争全面爆发后,为了在国内建立战争体制,驱使日本国民投入侵华战争,以满足日益扩大的庞大兵力和军需物资,第一届近卫内阁开展了法西斯总动员运动。

1937年8月14日,近卫内阁决定开展"国民思想动员"。8月24日,日本政府通过《国民精神总动员实施纲要》,规定"为了以举国一致、坚忍不拔之精神应对当下之时局的同时，为了克服今后之艰难，益发扶翼皇运，在此之际，作为宣传方策及国民教化运动方策之实施，官民一体，必须发起一大国民运动"。9月11日，由政府主持召开了国民精神总动员演说会，国民精神总动员运动就此开始。为了展开该运动，不仅确定了中央部门各情报委员会、内务省、文部省为制订计划主管部门作为实施机构，还要求地方以道府县、市町村各级官僚为中心，组成地方实行委员会或团体。此外，各公司、银行、工厂、商店及报纸、杂志、音乐、演艺、电影从业者也都被调动起来。

在这一时期，为进一步加强对社会的控制，日本政府于1937年9月25日颁布《内阁情报部官制》，在内阁之下设立专门的情报部，不仅承担情报收集交流，而且主管宣传和对言论思想的统制。

1937年10月12日，成立以海军大将有马良桔为会长的国民精神总动员中央联盟。参加者有全国市长会、帝国在乡军人会、日本工会会议等74个团体，后增为94个团体。这些团体的骨干主要由官僚、政界和财界有影响力的人物担任。一场与侵华战争挂钩的思想法西斯运动紧锣密鼓地展开起来，日本国民的思想、言论、集会、结社等自由受到了严格的限制。

1937年12月15日，内务大臣末次信以"企图组织人民阵线"为名组织了一次大拘捕，一批著名的左翼作家、出版界和文化界的巨人，都被投入狱中。在这些被捕人士中，有评论家山川均和荒烟寒村、九州帝国大学教授向坂逸郎、作家中村伊之助、日本共产党领导人加藤勘十等，他们都被剥夺了人身自由。1938年2月1日，军部又对人民阵线派展开了第二次大拘捕，这次拘捕的主要是大学教授，如东京帝大的教授宇野弘藏、九州帝大的教授高桥正雄、法政大学教授美浓部亮吉等几十人。

在白色恐怖主义的背景下，1938年1月22日，近卫内阁制定了《总动员法》，以确保推行战时体制。总动员法包括政治、经济、军事、文化教育、言论出版及工农运动等方面的内容，将全国的国民生活的全部领域都置于了法西斯政府的控制之下。

在侵华战争进入相持阶段以后，国际形势对日本也越来越不利，日本政府深感前途艰难，迫切需要鼓动国民从物质和精神两个层面全力支持侵华战争。因此1939年3月，平沼骐一郎内阁增设由法西斯头目荒木贞夫担任委员长的国民精神总动员委员会。4月又制定了《国民精神总动员新展开的基本方针》，在强调思想教化的同时，扩大国民精神总动员运动的范围。"为应对今后重大的新局面，必须进一步强化国民精神总动员，推进物心如一的实践运动。""致力于对扩充生产力及物资动员、物价调整等经济国策的积极配合，特别应向物资的活用、消费的节约、储蓄的实行、勤劳的增进、体力的增强倾注主要力量，力求刷新劳动与生活。"

1939年8月，平沼内阁在城乡普遍建立国民精神总动员运动郡市联盟会、町村分会和邻保组，在鼓吹日本精神和勤劳奉公，绝对服从天皇，投入侵华战争的基础上，又规定每月一天举国实行"兴亚奉公日"。在这一天要参拜神社、皇陵、举行奉读敕语仪式和阵亡者慰灵祭等，还要拼命劳动，节衣缩食，禁烟禁酒，把节约的资金装入慰问袋寄往前线。

至此，日本列岛已然变成了精神高度紧张、个人私生活严格受到控制的大兵营，为最终完成法西斯化铺平了道路。

▶▶▶ "新体制运动"与"大政翼赞会"

面对侵华战争的长期化和第二次世界大战的爆发，日本日益内外交困。为摆脱困境，第二届近卫内阁试图仿照德、意法西斯体制，在日本国内以达成"国防国家"为目标，解散现有政党，推行舆论划一的"新体制运动"（新体制運動/しんたいせいうんどう）。

1940年6到8月间，革命新党、社会大众党、政友会、民政党等政党先后宣告解散。8月23日，近卫成立新体制筹备会，吸收桥本欣五郎、绪方竹虎、武藤章等军政界要人参加活动。8月28日，新体制筹备会发表《近卫声明》，提出新体制是"为建设世界新秩序而起指导作用"，"最大限度地发挥国家、国民的全部力量，使之集中于这一大事业中"的"高度国防国家的体制"。"构建其基础的"，正是"万民翼赞之国民组织"。

1940年9月27日，就在德、意、日三国在柏林签订法西斯轴心国同盟条约的当天，近卫内阁通过决议，将新体制运动定名为"大政翼赞运动"。所谓"大政"，即天皇的大权，而"翼赞"，就是"辅佐天皇"的意思。

10月12日，新体制的具体成果"大政翼赞会"（大政翼贊会/たいせいよくさんかい）正式成立。"大政翼赞会"是国民总动员体制的核心组织，其宗旨是"实践翼赞大政

的臣道,上意下达,下情上通,密切配合政府""拥奉天皇一人""每时每刻献出奉公之忠诚"。大政翼赞会总裁由首相近卫担任,各地支部长由都道府县知事兼任,下设有市区町(镇)村支部、街道居委会、邻里组等。这是一种严密监控人民生活的法西斯组织,日本随即进入"一君万民""万民翼赞"的军事法西斯"总力战"体制。

1941年9月2日成立"翼赞议员同盟",参加者共362人。参加这一同盟的人便成了翼赞议员,完全控制了议会活动。

1941年10月18日,东条英机内阁成立后更是加强了对民众的思想言论控制。随着《对言论、出版、集会、结社的临时管理法》和《治安对策纲要》的出台,国民的思想言论、结社等自由被进一步剥夺。除法西斯团体外,其他社团一律被取缔,报刊不得登载违反国策、妨碍战争的消息,只允许登载大本营公报,政府对"思想犯"进行严酷的镇压。

东条内阁还将大日本产业报国会、农业报国会、商业报国会、大日本青少年团、大日本妇女会、海运报国会等法西斯团体组织划归大政翼赞会领导。此外,东条内阁还成立了"大日本翼赞青年团"。这是由翼赞运动的青年积极分子组成的法西斯团体,旨在对青年灌输法西斯思想,进行军训,带头增产军需用品,并监视地方官厅,是法西斯运动的突击力量。

1942年4月的众议院议员选举中,由军部、财界人士组成的"翼赞政治体制协议会"选定了和众议院定数相同的推荐候补人数并令之参加选举,使得整个选举成了"翼赞选举"。此次选举刚刚结束,就成立了以众议院议员为中心的政治团体"翼赞政治会",确立了其与政府及大政翼赞会的三位一体的翼赞政治体制。这样,通过以大政翼赞会为载体的"新体制运动"完成了天皇统制体制的法西斯改组。

随着日军陷入战争的泥潭,日本军国主义不得不依寄希望于法西斯体制的高度集权驱动机制和群体狂热的精神力量以支撑捉襟见肘的战争。因此,日本政府不断加强对国民的思想舆论控制,持续推进整个国家的法西斯化,最终完成了天皇制法西斯体制的组建。

参考文献

中文专著

[1] 成春有,汪捷.日本历史文化词典[M].南京:南京大学出版社,2010.

[2] 今井清一.日本近现代史:第二卷[M].杨孝臣,郎唯成,杨树人,译.北京:商务印书馆,1983.

[3] 刘岳兵.日本近现代思想史[M].北京:世界知识出版社,2010.

[4] 宋成有.新编日本近代史[M].北京:北京大学出版社,2006.

[5] 藤原彰.日本近现代史:第三卷[M].伊文成,李树藩,南昌龙,等译.北京:商务印书馆,1983.

[6] 王振锁,徐万胜.日本近现代政治史[M].北京:世界知识出版社,2009.

[7] 信夫清三郎.日本政治史:第四卷[M].周良乾,译.上海:上海译文出版社,1988.

[8] 远山茂树.日本近现代史:第一卷[M].邹有恒,译.北京:商务印书馆,1983.

日文专著

[1] 安良城盛昭.幕藩体制社会の成立と構造[M].東京:有斐閣,1986.

[2] 坂本賞三.日本の歴史6:摂関時代[M].東京:小学館,1974.

[3] 北島正元編.体系日本史叢書2 政治史[M].東京:山川出版社,1965.

[4] 村井良太.政党内閣制の成立:一九一八〜二七年[M].東京:有斐閣,2005.

[5] 村井良太.政党内閣制の展開と崩壊:一九二七〜三六年[M].東京:有斐閣,2014.

[6] 大山喬平.日本の歴史9:鎌倉幕府[M].東京:小学館,1974.

[7] 徳富蘇峰.公爵桂太郎傳(坤卷)[M].東京:原書房,2004.

[8] 服部之総.絶対主義論[M].東京:日曜書房,1948.

[9] 岡本宏,衣笠哲生,平田好成.現代政治史[M].京都:法律文化社,1968.

[10] 岡崎哲二.江戸の市場経済歴史制度分析からみた株仲間[M].東京:講談社,1999.

[11] 高群逸枝.日本婚姻史[M].東京:至文堂,1990.

[12] 吉田孝.律令国家と古代の社会[M].東京:岩波書店,1983.

[13] 吉田裕,吉見義明編集.資料日本現代史10日中戦争期の国民動員[M].東京:大月書店,1984.

[14] 江上波夫編.遣唐使時代の日本と中国[M].東京:小学館,1982.

[15] 今井清一.大正デモクラシー[M].東京:中央公論社,2006.

[16] 君島和彦,加藤公明ほか14名.高校日本史B新訂版[M].東京:実教出版,2017.

[17] 歴史学研究会.日本史史料2 中世[M].東京:岩波書店,2016.

[18] 歴史学研究会.日本史史料3 近世[M].東京:岩波書店,2016.

[19] 歴史学研究会.日本史史料4 近代[M].東京:岩波書店,2016.

[20] 歴史学研究会.日本史史料5 現代[M].東京:岩波書店,1997.

[21] 木村茂光.年表対照式日本史必修用語事典[M].京都:文英堂,1996.

[22] 木村茂光監修,歴史科学協議会編集.戦後歴史学用語辞典[M].東京:東京堂,2012.

[23] 千葉功.中公新書:桂太郎[M].東京:中央公論新社,2012.

[24] 前之園亮一.研究史:古代の姓[M].東京:吉川弘文館,1976.

[25] 橋本義彦.日本古代の儀礼と典籍[M].ふじみ野市:青史出版,1999.

[26] 橋本義彦.日本歴史全集5:貴族の世紀[M].東京:講談社,1969.

[27] 上横手雅敬.日本歴史全集6:源平の盛衰[M].東京:講談社,1969.

[28] 上横手雅敬.日本中世政治史研究[M].東京:塙書房,1970.

[29] 矢部健太郎編.歴史人物伝:織田信長[M].東京:西東社,2016.

[30] 藤木久志他編.論集日本歴史6 織豊政権[M].東京:有精堂出版,1974.

[31] 藤田五郎.近世農政史論[M].東京:御茶の水書房,1950.

[32] 外務省.日本外交年表竝主要文書(下)[M].東京:原書房,1978.

[33] 小風秀雅,ほか10名.新選日本史B[M].東京:東京書籍,2017.

[34] 脇田修他編.シンポジウム日本歴史10織豊政権論[M].広島:学生社,1972.

[35] 早川庄八.日本古代官僚制の研究[M].東京:岩波書店,1986.

[36] 正村公宏.戦後史[M].東京:筑摩書房,1990.

[37] 中村吉治.日本封建制再編成史[M].東京:三笠書房,1939.

[38] 中村尚美,君島和彦,平田哲男,歴史科学協議会.史料日本近現代史2 大日本帝国の軌跡[M].東京:三省堂,1985.

[39] 中村尚美,君島和彦,平田哲男,歴史科学協議会.史料日本近現代史3 戦後日本の道程:占領——現在[M].東京:三省堂,1985.

[40] 佐藤和彦.南北朝内乱史論[M].東京:東京大学出版会,1979.

中文期刊

[1] 曹永洁.日本摄关政治下的贵族伦理探析[J].延边大学学报,2017(1):76-83.

[2] 陈洪安,王立军.浅析倒幕运动前夕的下级武士[J].法制与社会,2008(31):313+315.

[3] 丁诺舟.日本江户时代的政治贿赂与幕府的应对[J].世界历史,2020(2):1-13+160.

[4] 高宝兴."三都天皇":恒武天皇[J].日语知识,2004(8):35.

[5] 高宝兴.日本古代贵族:藤原氏[J].日语知识,2004(2):40.

[6] 郭娜.日本武士阶级源流论考[J].重庆文理学院学报(社会科学版),2020(3):56-64.

[7] 李征.日本武士阶层与中央集权矛盾性探析[J].日本问题研究,2014(2):47-54.

[8] 刘璧君,顾盈颖.《御成败式目》:日本著名武家法典[J].检察风云,2015(8):32-33.

[9] 刘璧君,顾盈颖.大冈忠相的判决[J].检察风云,2015(22):38-39.

[10] 刘向阳,党明放.日本遣唐使考论[J].乾陵文化研究,2018(1):161-195.

[11] 沈才彬.日本自由民权运动的性质及其历史地位[J].世界历史,1982(3):58-67.

[12] 王军.日本庄园公领制初探[J].社会科学战线,2009(8):145-149.

[13] 王立达.日本平安朝时期的"摄关政治"和"院政"[J].新史学通讯,1956(1):10-13.

[14] 王顺利.古代日本氏姓制度浅析[J].东北师大学报(哲学社会科学版),1992(4):36-40.

[15] 王新生.国民国家与近代日本宪政之路:以自由民权运动为中心[J].中央社会主义学院学报,2019(4):61-68.

[16] 王玉芝.简论日本倒幕运动的特点[J].云南师范大学学报(哲学社会科学版),1994(S2):11-14.

[17] 吴廷璆.明治维新和维新政权[J].南开日本研究,2019(1):3-43.

[18] 武安隆.浅论大化改新[J].历史教学,1983(10):27-31.

[19] 邢雪艳.日本自由民权运动对近代国民塑造的价值探讨[J].外国问题研究,2019(4):18-24+116.

日文期刊

[1] 松岡八郎.日本における政党内閣の端初:隈板内閣の成立[J].東洋大学学術情報リポジトリ,1966(3):1-33.

[2] ウド ヤンソン著;[日]平松毅訳.十七条憲法の普編的意義[J].法と政治(関西学院大学),1999(6):461-472.

中文学位论文

[1] 陈涛.初论桓武朝律令制改革:以田赋改革为中心[D].杭州:浙江大学,2010.

[2] 王超越.关于桓武天皇律令制度改革中健儿制的考察[D].北京:北京外国语大学,2017.

[3] 朱少雅.松方财政改革探析[D].上海:复旦大学,2009.